中部〜西日本
80コース

心身のリズムを調律する
トラベルセラピー

大人の癒し旅

文・写真
清水正弘

表紙写真／岳切渓谷（大分県）
裏表紙写真
右上／夕暮れの松山観光港（愛媛県）
左上／菜の花と備中国分寺（岡山県）
右下／秋の帝釈峡（広島県）
左下／冬の白川郷（岐阜県）

南々社

自然が奏でる旋律に気づく旅

　人は誰でも心に地図帳を持っている。そして自分だけの羅針盤を持ちながら、人生という旅を歩んでいる。昨日までのページには、風雪に耐えた道、陽だまりに包まれた道、歓喜にあふれた道などの足跡が刻まれているはずだ。しかし、ふと今日という峠から明日の方角を眺めた時、言葉にならない動揺や不安を覚えたことはないだろうか。

　それは、「新たな私」というジグソーパズルを作っていく過程で、最後のワンピースがどうしても見つからない時のもどかしさにも似ている。心の磁場が荒れることによって羅針盤が狂い始め、白紙である明日への道筋を見つめる焦点に澱《よど》みが生じ始めるのだ。そんな時こそ、この本のページを開いていただきたい。

　この本で取り上げる場所の磁場エネルギーとは、心身のリラックスやデトックスという「解放」「休息」という抱擁力だけではない。安息の時間とともに、手ごたえ感が回復した魂に蘇生力をインプッ

深入山の山麓にて
（広島県）

三苫海岸
（福岡県）

トしてくれ、新たな人生を奏でるための心身のリズムを調律してくれる。

　古代遺跡では時空を超える宇宙感覚を感受し、神話伝承の郷では物語に秘められた世界観と共振するひとときに酔いしれてほしい。創生時代からの痕跡を残す地では地球の底力に圧倒され、修験道世界の山岳地では神秘的な空気感に身体の微細な細胞を震わせてほしい。そして、それらの土地で体感する風のそよぎ、木漏れ日の揺らぎ、清流のほとばしりといった、自然が奏でる旋律に我が身を浸してもらいたい。

　誰もがその場に静かに佇《たたず》むことによって、魂の深層に確実に響いてくる「大いなるモノ」の存在に気づかされることだろう。その「気づき」こそ、白紙である明日というページの色彩を豊かにさせる羅針盤の主要な修復パーツではないだろうか。

　今回は、中部から西日本各地にかけての「気づきへの癒し場」を80コース紹介しよう。

千畳敷カール
（長野県）

大人の癒し旅　目次

自然が奏でる旋律に気づく旅 …… 2
山辺・野辺・海辺・水辺の癒し場80選 エリアマップ …… 12

山辺の癒し場

1 **フォッサマグナ地溝帯・翡翠峡** 新潟県 糸魚川市 …… 16
2 **木曽駒ヶ岳（千畳敷カール～乗鞍浄土）** 長野県 木曽郡上松町 …… 18
3 **涸沢カール（北アルプス・穂高連峰）** 長野県 松本市安曇 …… 20
4 **戸隠修験道の地（奥社・宝光社）** 長野県 長野市 …… 22
5 **平泉寺白山神社** 福井県 勝山市 …… 24
6 **日吉大社（平安京の表鬼門）** 滋賀県 大津市 …… 26

7 京都の鬼門・愛宕山　京都府　京都市右京区・亀岡市……28
8 京都・大江山　京都府　福知山市・与謝野町・宮津市……30
9 玉石社（玉置山）　奈良県　吉野郡十津川村……32
10 天河大弁財天社　奈良県　吉野郡天川村……34
11 丹生都比売神社　和歌山県　伊都郡かつらぎ町……36
12 伯耆大山　鳥取県　西伯郡大山町……38
13 投げ入れ堂　鳥取県　東伯郡三朝町……40
14 世界遺産の島・宮島（弥山）　広島県　廿日市市……42
15 三瓶小豆原埋没林　島根県　大田市……44
16 蹈鞴の郷・奥出雲　島根県　仁多郡奥出雲町・雲南市……46
17 四国の霊峰・石鎚山　愛媛県　上浮穴郡久万高原町・西条市……48
18 国東半島・六郷満山　大分県　国東市・豊後高田市・杵築市……50
19 高千穂（高千穂峰・高千穂町）　宮崎県　西臼杵郡高千穂町・都城市……52
20 巨大カルデラ・阿蘇山　熊本県　阿蘇市……54
コラム「地球の癒し場　山辺編」…14

野辺の癒し場

21 神長官守矢史料館　長野県　茅野市……58

22 中山道（馬籠宿～妻籠宿）　岐阜県、長野県　中津川市、木曽郡南木曽町……60

23 熊野参詣道・伊勢路（馬越峠）　三重県　北牟婁郡紀北町……62

24 伏見稲荷大社・稲荷山　京都府　京都市伏見区……64

25 京都太秦界隈（蛇塚古墳ほか）　京都府　京都市右京区……66

26 纏向遺跡群・山の辺の道　奈良県　天理市・桜井市……68

27 二上山と當麻寺　奈良県、大阪府　葛城市、南河内郡太子町……70

28 生石神社と竜山　兵庫県　高砂市……72

29 竹田城・立雲峡（朝来山）　兵庫県　朝来市……74

30 比婆山信仰の結界・熊野神社　広島県　庄原市……76

31 銀山街道（石見からの道） 島根県 大田市・邑智郡美郷町……78
32 黄泉比良坂・揖夜神社 島根県 松江市……80
33 城下町長府の町並み 山口県 下関市……82
34 宗像大島・オルレコース 福岡県 宗像市……84
35 王塚古墳 福岡県 嘉穂郡桂川町……86
36 香春神社 福岡県 田川郡香春町……88
37 吉野ヶ里遺跡 佐賀県 神埼郡吉野ヶ里町……90
38 名護屋城跡 佐賀県 唐津市……92
39 西都原遺跡群・博物館 宮崎県 西都市……94
40 上色見熊野座神社 熊本県 阿蘇郡高森町……96
コラム「地球の癒し場 野辺編」…56

海辺の癒し場

41 能登半島・真脇遺跡　石川県　鳳珠郡能登町 …… 100
42 大避神社・生島（坂越）　兵庫県　赤穂市 …… 102
43 神倉神社・熊野灘　和歌山県　新宮市 …… 104
44 瀬戸内海の夕景・夜景　広島県各地　広島市・呉市・尾道市・福山市 …… 106
45 日御碕神社・猪目洞窟　島根県　出雲市 …… 108
46 出雲・稲佐の浜　島根県　出雲市 …… 110
47 隠岐の島（西ノ島）　島根県　隠岐郡隠岐の島町 …… 112
48 土井ヶ浜遺跡・人類学ミュージアム　山口県　下関市豊北町 …… 114
49 荘内半島（紫雲出山）　香川県　三豊市 …… 116
50 石垣の里（外泊）　愛媛県　南宇和郡愛南町 …… 118

51 室戸岬・空海修行の洞穴　高知県　室戸市……120
52 志賀島・金印公園　福岡県　福岡市……122
53 玄界灘の島・相島（積石塚群）　福岡県　糟屋郡新宮町……124
54 虹の松原（唐津の松林）　佐賀県　唐津市……126
55 壱岐・対馬　長崎県　壱岐市・対馬市……128
56 五島列島・鬼岳　長崎県　五島市……130
57 軍艦島（端島）　長崎県　長崎市……132
58 鵜戸神宮（海際の産殿）　宮崎県　日南市……134
59 天草諸島　熊本県　天草郡……136
60 下甑島（絶海の離島）　鹿児島県　薩摩川内市……138

コラム「地球の癒し場　海辺編」…98

水辺の癒し場

61	苔の森・白駒池	長野県	南佐久郡佐久穂町・小海町	142
62	栂池自然園（白馬山麓）	長野県	北安曇郡小谷村	144
63	黒部峡谷	富山県	黒部市	146
64	飛騨古川の町並み	岐阜県	飛騨市	148
65	郡上八幡	岐阜県	郡上市	150
66	五色ヶ原	岐阜県	高山市	152
67	赤目四十八滝	三重県	名張市	154
68	伊勢神宮（内宮・外宮・月夜見宮）	三重県	伊勢市	156
69	天岩戸神社（丹波・元伊勢三社）	京都府	福知山市	158
70	室生龍穴神社・妙吉祥龍穴	奈良県	宇陀市	160

71 那智の滝と熊野三山　和歌山県　東牟婁郡那智勝浦町 …… 162

72 天上の明水（山・棚田・森・峡谷・滝の水系）　広島県　安芸太田町筒賀 …… 164

73 宍道湖湖畔　島根県　松江市 …… 166

74 祖谷渓（東祖谷　落合集落）　徳島県　三好市 …… 168

75 伊予西条の湧き水群（名水百選）　愛媛県　西条市 …… 170

76 滑川渓谷　愛媛県　東温市 …… 172

77 大洲の肱川河畔　愛媛県　大洲市 …… 174

78 仁淀川上流域（中津渓谷・安居渓谷）　高知県　吾川郡仁淀川町 …… 176

79 岳切渓谷　大分県　宇佐市 …… 178

80 白谷雲水峡　鹿児島県　熊毛郡屋久島町 …… 180

コラム「地球の癒し場　水辺編」… 140

東日本の癒し場 …… 182

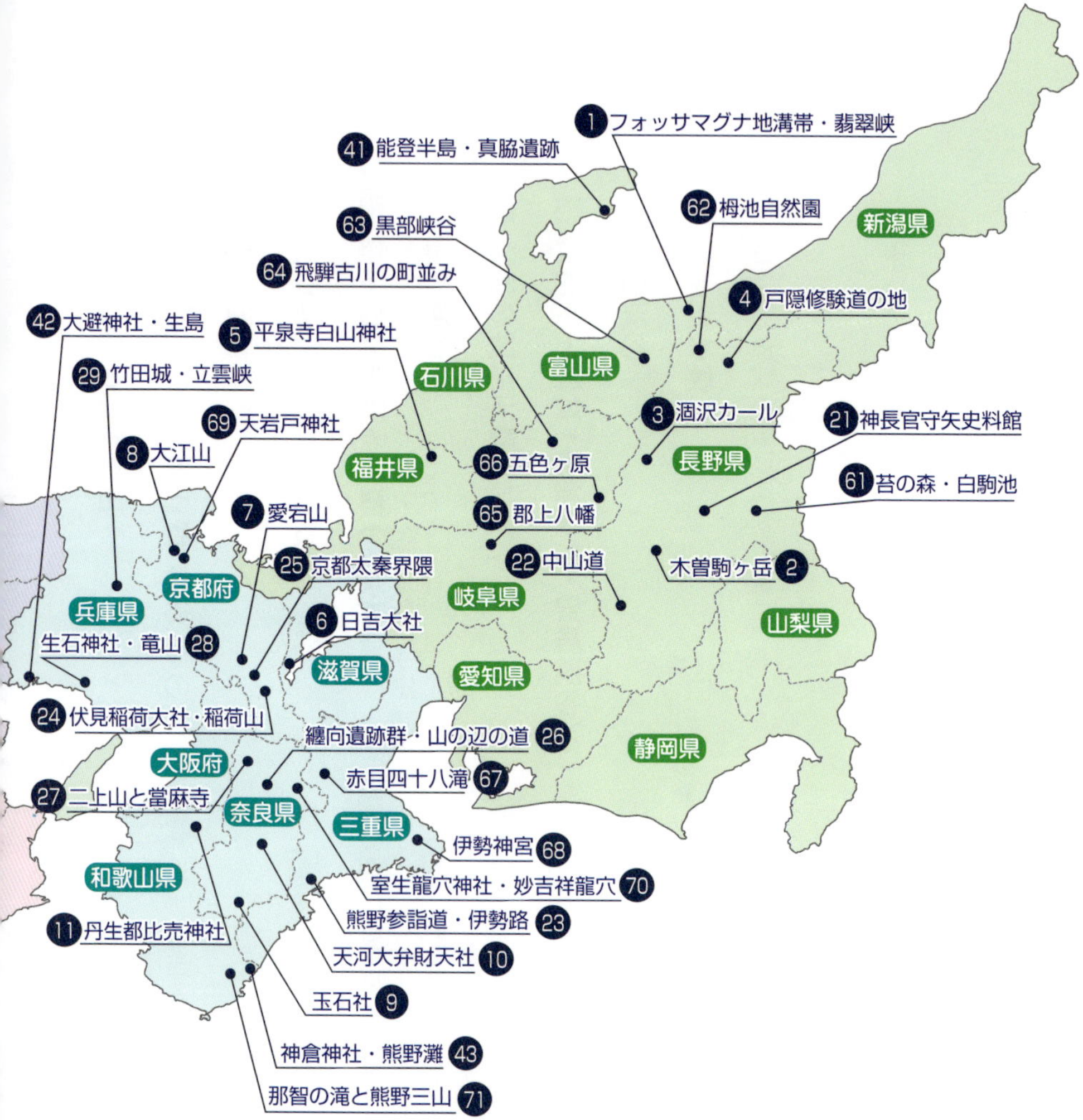

1 フォッサマグナ地溝帯・翡翠峡
41 能登半島・真脇遺跡
62 栂池自然園
新潟県
63 黒部峡谷
64 飛騨古川の町並み
4 戸隠修験道の地
42 大避神社・生島
5 平泉寺白山神社
石川県
富山県
29 竹田城・立雲峡
3 涸沢カール
21 神長官守矢史料館
69 天岩戸神社
8 大江山
福井県
66 五色ヶ原
長野県
61 苔の森・白駒池
7 愛宕山
65 郡上八幡
22 中山道
木曽駒ヶ岳 2
25 京都太秦界隈
京都府
兵庫県
岐阜県
山梨県
6 日吉大社
生石神社・竜山 28
滋賀県
愛知県
24 伏見稲荷大社・稲荷山
纏向遺跡群・山の辺の道 26
静岡県
大阪府
赤目四十八滝 67
27 二上山と當麻寺
奈良県
三重県
伊勢神宮 68
和歌山県
室生龍穴神社・妙吉祥龍穴 70
熊野参詣道・伊勢路 23
11 丹生都比売神社
天河大弁財天社 10
玉石社 9
神倉神社・熊野灘 43
那智の滝と熊野三山 71

山辺・野辺・海辺・水辺の癒し場80選

エリアマップ

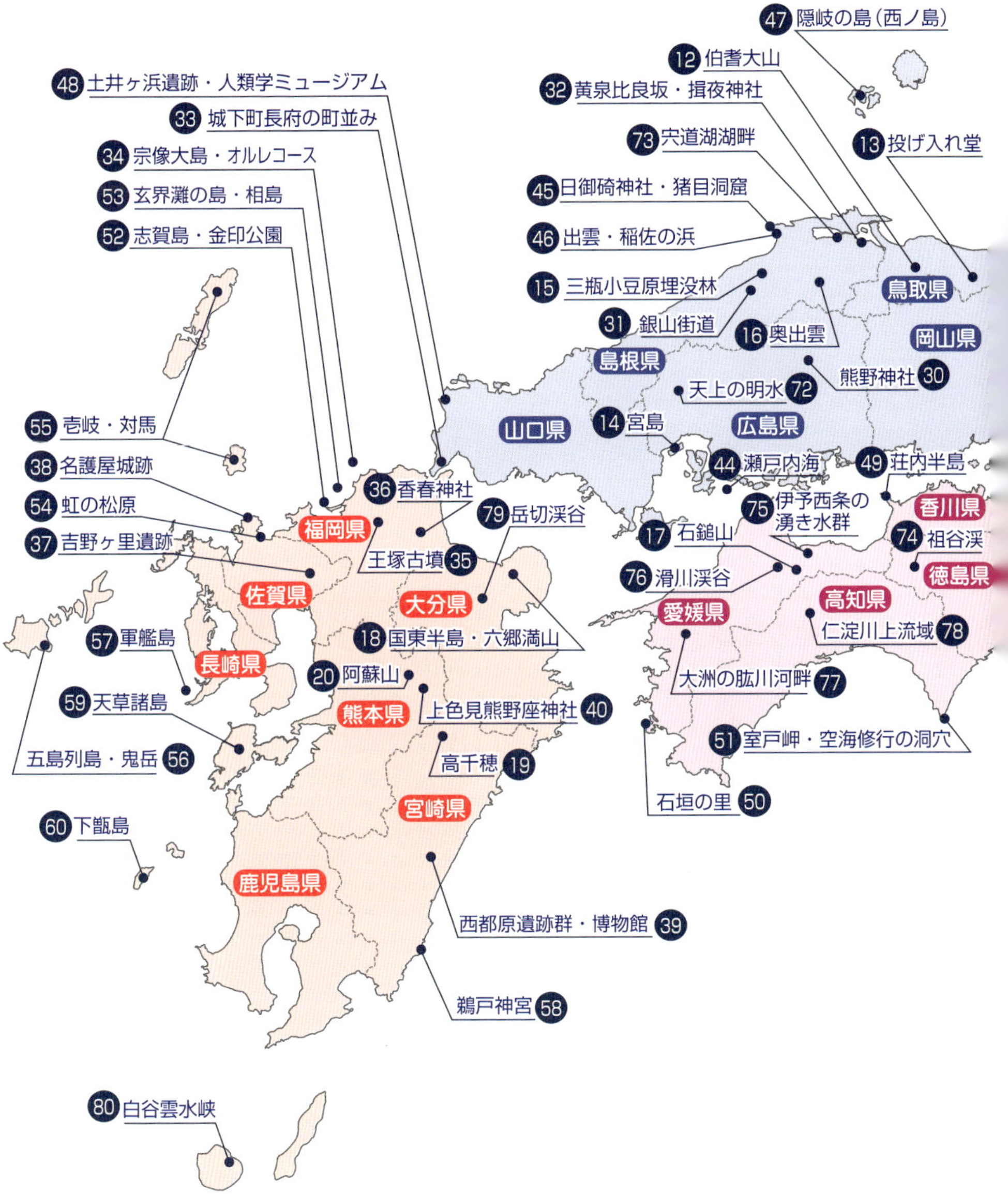

癒し場

column

高山植物の宝庫・スイスアルプス
（花と風の精に出会う）

スイスアルプスを歩く

スイスには、地球1周強のハイキングコースが整備されているともいわれている。その多くは、初夏になると色とりどりの高山植物群が咲き乱れ、世界各国からの山岳愛好者で賑わいを見せる。可憐な花々と白銀の峰々に抱かれたアルプスでは、きっと花と風の精に出会えることだろう。

嵐の大地・パタゴニア
（地球の底力）

パタゴニア「パイネの角」

イギリスの探検家が「嵐の大地」と呼んだパタゴニアは、日本からみて地球の反対側、最果ての地にある。この地の空に湧く雲は日本のそれとは異なり、まるで天空を駆け巡る生き物群のようだ。そのパタゴニアには、「パイネの角」と呼ばれる、奇怪だが勇壮な容姿を見せる峰が屹立《きつりつ》している。

山 辺 の

地球の癒し場 山辺編

世界の屋根・ヒマラヤ
（地球の底力）

ヒマラヤ山脈、ゴーキョピークから

地球の底力の、最大級のエネルギーを体感できる場所である。10数枚あるといわれる地球のプレート。その内の2つ（インドとユーラシア）が衝突隆起した結果、世界の屋根・ヒマラヤ山脈が造形された。その地球の底力は現在も健在であり、ヒマラヤ山脈は少しずつ動いている。

空中都市・マチュピチュ遺跡
（マジカルパワー）

インカ帝国の遺跡、マチュピチュ

「行ってみたい世界遺産ランキング」では、常時トップクラスの位置にあるくらい人気が高い。15世紀のインカ帝国の遺跡であるが、文字による記録がないため、その建造の目的や使途などが現在でも明確にわかっていない。現代人の空想をどこまでも広げてくれる、謎の空中都市である。

翡翠峡上部には
明星山がある

翡翠峡

地球の底力

フォッサマグナ 地溝帯《ちこうたい》・翡翠峡《ひすいきょう》 ❶

日本列島の東西を分ける大地の裂け目

新潟県

糸魚川市

コースデータ

見学時間（目安）：**1〜2時間**
楽しめる期間：**冬季を除く通年**
お勧めの季節：**早春・秋（紅葉）**
歩行距離：**1〜2㎞**
標高：**約200m（翡翠峡）**
標高差：**ほとんど無し（徒歩区間）**

温泉データ

糸魚川《いといがわ》温泉・ホテル國富アネックス
泉質：**塩化物泉**
所在地：**新潟県糸魚川市大字大野298-1**
☎025-550-1000

アクセス　北陸自動車道・糸魚川ICから車で約10分

コースの特徴

　フォッサマグナとは、日本列島を東西に分ける大地の裂け目である。その始まりは、日本列島がユーラシア大陸から分離を始めた太古の時代まで遡る。大陸の東端から分離した2つの巨大な島が、この地溝帯（フォッサマグナ）を結節点としてドッキングし、現在の日本列島の核心部が形成されたのである。

　その地殻同士がぶつかり合うエネルギーは、現在でも各所に噴出している。そのひとつが、富士山を含む甲信越地域に点在する火山群であろう。このフォッサマグナの地を体感することは、「日本列島」の過去・現在・未来という壮大な時間軸へのイマジネーションを無限に広げてくれるはずだ。

　その体感旅行は、まずミュージアムから始めたい。「フォッサマグナミュージアム」には翡翠などの鉱物、隕石、アンモナイトなどの化石群もふんだんに展示さ

（上）日本列島・東西の裂け目に立つ
（右）フォッサマグナミュージアム
（左）翡翠の原石

フォッサマグナミュージアム内部

れている。しかし、圧巻なのは、館内シアターでの映像である。日本列島形成の歴史、地溝帯の地下構造などの映像が異空間へと誘ってくれる。映像でイマジネーションを膨らませた後には、フォッサマグナパークへ。ここでは、実際に東西の断層破砕帯や日本最大の枕状溶岩などを見ることができる。さらに、日本随一の翡翠の産地、小滝川ヒスイ峡へと足を延ばしたい。川べりから翡翠の原石を見ることができる。

🏠 **最寄りの施設**

フォッサマグナミュージアム
☎025-553-1880
フォッサマグナの発見者ナウマン博士の資料をはじめ、地球の誕生からのさまざまな鉱物、岩石、化石などを収めた博物館。近くには、縄文時代中期（5000～3500年前）の大きな集落跡である、長者ケ原遺跡公園もある。この遺跡の考古館（ミュージアムから徒歩3分）も併せて見学したい。

問い合わせ先　糸魚川市総務部 総務課 広報情報係　☎025-552-1511

いざ乗鞍浄土へ

夏には高山植物の
宝庫となる千畳敷

地球の底力

木曽駒ヶ岳《きそこまがたけ》（千畳敷《せんじょうじき》カール～乗鞍浄土《のりくらじょうど》）❷

ロープウェイと初級山歩きで到達する天空の浄土

長野県

木曽郡上松町

コースデータ

見学時間（目安）：**3時間**
楽しめる期間：**積雪期を除く**
お勧めの季節：**夏・秋（紅葉）**
歩行距離：**往復約3㎞**
標高：**2600～2700m**
標高差：**約250m**

温泉データ

早太郎温泉 こまくさの湯
泉質：**アルカリ性単純泉**
所在地：**長野県駒ヶ根市赤穂759-4**
☎0265-81-8100

アクセス 中央自動車道・駒ヶ根ICから菅の台バスセンターへ。マイカー規制のため路線バスに乗り換え、しらび平からロープウェイ約8分で千畳敷カールへ

コースの特徴

山歩きの初心者や未経験者にとって、２０００ｍを超す標高での朝日や夕日が織りなす、「自然の壮大なドラマ風景」に接することはかなりハードルが高いことだろう。

ロープウェイやケーブルカーで標高を上げられても、その先に宿泊施設がないと、ドラマ開始前に下山しなくてはならない。ここで紹介する木曽駒ヶ岳周縁（千畳敷カール～乗鞍浄土）は、そんな心配を吹き飛ばしてくれる国内では数少ない場所だろう。未経験者は、千畳敷カール内の散策。そして山歩き初心者は、好条件の天候下であれば、ぜひ乗鞍浄土までを往復し、さらにロープウェイ駅隣接の施設に宿泊をしてもらいたい。

標高２６００ｍの千畳敷カールの夏は、ハクサンイチゲ、キバナノコマノツメ、ミヤマアキノキリンソウなど、白や紫、黄色の高山植物の宝庫となる。日の出前に

（上）千畳敷の朝・南アルプスを望む
（右）乗鞍浄土に湧き上がる雲
（左）千畳敷を見下ろす

千畳敷の秋・朝の光を浴びて

カールへ出てみると、東方向に塩見岳や白根三山などの南アルプス山群が暁色に染まり始めている。条件が良ければ、朝陽を浴びる富士山の姿も現れる。夕暮れともなると、西方向に壁のように屹立《きつりつ》する宝剣岳《ほうけんだけ》の稜線が紅色に染まり始め、時の経つことを忘れるほどである。

また、乗鞍浄土から見渡す、木曽駒ヶ岳主峰をはじめとするアルプスの大パノラマも絶景である。

最寄りの施設

中央アルプス・ホテル千畳敷
☎0265-83-5201
標高 2612m のロープウェイ山頂にある千畳敷駅に隣接した、天空の宿泊所だ。木曽駒ヶ岳への登山起点となる場所である。建物を出ると、すぐそこには四季折々に変化を見せる千畳敷カールが展開している。天然木を配した素朴で温かみのある内部からも、朝夕に繰り広げられる自然の雄大なドラマや、夜空に輝く星々を見上げることができる。

問い合わせ先 駒ヶ岳ロープウェイ ☎0265-83-3107

秋の木漏れ日を浴びながら

上高地散策道

地球の底力

涸沢《からさわ》カール（北アルプス・穂高連峰《ほだかれんぽう》）③

アルプスの山々を染め上げる紅葉の絨毯《じゅうたん》

長野県

松本市安曇

コースデータ

見学時間（目安）：**6時間（片道）**
楽しめる期間：**5〜10月**
お勧めの季節：**紅葉（9月下旬）**
歩行距離：**上高地から15㎞弱**
標高：**2300m**
標高差：**約250m**

温泉データ

上高地温泉ホテル
泉質：**単純温泉**
所在地：**長野県松本市安曇上高地4469-1**
☎0263-95-2311

アクセス　上高地へはマイカー規制があり、沢渡もしくは平湯から公共バス・タクシーでの移動となる

コースの特徴

上高地から片道最低6時間強はかかるので、それなりの体力、装備、時間的配慮などの諸準備が必須である。しかし、その準備に注いだ労力は、必ずやこの場所の持つ「霊力」によって、報われることだろう。

北アルプス連峰群への登山拠点としてその名を全国に知られている涸沢カールは、標高２３００ｍの日本有数の氷河圏谷である。前穂高岳と奥穂高岳を結ぶ吊り尾根や、北穂高岳からの峰々が周りを取り囲む、岳人《がくじん》にとって垂涎《すいぜん》の地であり、数多くの山岳小説にもその名が登場する。

このカールに至るには、上高地からのアプローチとなる。このアプローチ道沿いには、大正池《たいしょういけ》、梓川《あずさがわ》、明神岳、屏風岩などの見どころが点在しており、前に進めなくて困るのである。

雪解け時期から秋口まで、四季折々の壮大なパノラマ景観を提供してくれるこ

（上）神々しい朝の光線
（右）涸沢カールへの道
（左）朝陽を浴び始める明神岳

秋、大正池に映る「逆さアルプス」

れらのゾーンは、9月下旬頃に訪問者数のピークを迎える。この季節には、登山道沿いの木々が色づき始め、抜けるような紺碧の空、すじを延ばす白雲とともに、言葉を失うくらいの美的世界を演出してくれるのである。その美的世界のクライマックスは、涸沢カールに射し込んでくる朝の光により幕が切って落とされる。北アルプスの山肌が巨大なスクリーンとなり、刻一刻変幻する秋の朝を映し出すのだ。

最寄りの施設

涸沢ヒュッテ
☎090-9002-2534
涸沢カールでの宿泊施設は2軒のみ。それ以外は、持参のテントによる野営となるので、事前の注意が必要である。東京にも連絡事務所がある（☎03-3211-1023）。ホームページには、登山道の近況や紅葉の見ごろ情報などが掲載される。ただ例年、紅葉見ごろの時期ともなれば全国から予約が殺到し、宿泊もかなり窮屈な状況下で過ごさなければならない。

修験の山・森

戸《と》隠《がくし》修《しゅ》験《げん》道《どう》の地《ち》（奥社《おくしゃ》・宝光社《ほうこうしゃ》）❹

天岩《あまのいわ》戸《と》を開いた天手力雄命《あめのたぢからおのみこと》由来の地

長野県

長野市

奥社

随神門

コースデータ

見学時間（目安）：**2〜3時間**
楽しめる期間：**4〜11月**
お勧めの季節：**紅葉（10月中旬）**
歩行時間：**約40分（奥社入り口から）**
標高：**1350m（奥社）**
標高差：**150m前後（奥社入り口〜奥社）**

温泉データ

戸隠神告げ温泉湯行館
泉質：**弱アルカリ性低張性低温泉**
所在地：**長野県長野市戸隠3182**
☎**026-254-1126**

アクセス　上信越自動車道・長野ICから国道18号、浅川ループライン・バードラインを経て、車で約1時間

コースの特徴

なんといっても奥社へと続く、杉の巨樹が並ぶ参詣道をまず歩いてみたい。随《ずい》神門《しんもん》から500mの距離の両サイドには、200本にも及ぶ樹齢400年を超すクマスギ群が林立している。

苔むした巨樹の根元は、まるで龍のようにうねりながら地を這っている。巨樹の間から射し込む木漏れ日には、思わず立ち止まり仰ぎみたくもなる。400年近くにわたり、乱開発などから保護されてきたこの社叢《しゃそう》の森の恵みは、現代の私たちの頭上や足裏へと降り注いでくるのである。それだけに、すれ違う参詣者の顔からは、安寧の喜色がうかがえる気がする。

奥社下までの道は直線で延びていくので、林立する杉並木の奥が研ぎ澄まされた異次元世界のようにも感じられてくる。すでに、参詣道そのものが、聖域へ接近する「橋懸り（はしがかり）」のような舞台装置となっているのだ。その橋懸り的

(上）杉の巨樹が並ぶ参道
(右）朝の宝光社
(左）樹齢 400 年を数えるクマスギの並木

神秘的な鏡池

直線空間を終えると、次第に苔むした石段の坂道へと変化してゆく。

一汗かいた頃、視界を遮るかのように屹立《きつりつ》する岩峰群が現れて、奥社建物への最終アプローチとなる。奥社と併せて、中社、そして宝光社へも参詣したい。特に宝光社参詣は早朝の時間帯をお勧めする。急峻な参道石段では、潤沢に降り注ぐ朝の木漏れ日に、全身が包み込まれることだろう。

最寄りの施設

鏡池どんぐりハウス
☎026-254-3719
戸隠の山々の姿が水面に逆さとなる鏡池。荒々しい修験の岩峰群も、この鏡池に映し出されるとなぜかやさしく、穏やかな表情を見せてくれる。その池の畔にあるのが、どんぐりハウスである。森の木漏れ日を浴びながら、炭火を使った自家焙煎コーヒーが飲めるのがうれしい。

修験の山・森

平泉寺白山神社《へいぜんじはくさんじんじゃ》 ❺

霊峰・白山《はくさん》へ向かう越前禅定道《えちぜんぜんじょうどう》の起点

平泉寺白山神社拝殿

越前禅定道が始まる三宮

コースデータ

見学時間（目安）：**1〜2時間**
楽しめる期間：**通年**
お勧めの季節：**新緑(5月)・紅葉(10月)**
歩行距離：**1〜2㎞**
標高：**約300m**
標高差：**ほとんど無し(緩やかな登り坂)**

温泉データ

勝山天然温泉 水芭蕉
泉質：**炭酸水素塩泉、塩化物泉**
所在地：**福井県勝山市村岡町浄土寺30-11**
☎0779-87-1507

アクセス 北陸自動車道・福井北ICまたは丸岡ICから国道416号を経て、車で約35分

福井県

勝山市

コースの特徴

苔好きな方にはたまらないひとときとなるだろう。そのスタートは、日本の道百選にも選ばれている、牛岩・馬岩のある旧参道からだ。さらに、菩提林と呼ばれる樹齢数百年の杉並木が道の両サイドに1㎞ほど続く。参道は約500年前に敷き詰められた、苔むした石畳である。

また、精進坂《しょうじんざか》から眺める一の鳥居とその背後に延びる参道筋にも、言葉を失うことだろう。幅広い緩やかな登り坂の参道は、ほどよく抑制の効いたモスグリーン色の空間となっている。一歩一歩歩みを進めるごとに、その空気の中へと我が身が溶けていくような気分がする。

極めつけは、拝殿の左右に広がる樹齢数百年の杉林である。その下では瑞々《みずみず》しく青々とした苔が、絨毯《じゅうたん》を敷き詰めたように広がっている。そしてその絨毯の文様は、木漏れ日の陰影で彩られているのだ。

（上）苔と玉砂利と木漏れ日の参道
（右）拝殿への参道筋入り口
（左）苔の絨毯に木漏れ日が射す

坊院（僧侶の屋敷）の出入口と石畳道

平成に入ってからの発掘調査によって、坊院跡（僧侶の住居跡）や石畳、石垣が新たに発見され、再びこの地に注目が集まってきている。最盛期の戦国時代には８０００人もの僧兵がいたと伝えられ、当時の日本では最大規模の宗教都市であったことが証明されつつある。

現在、この坊院跡を訪れる人はまだ少ない。それだけに、この場所にもさらなるスポットライトがあたって欲しいものである。

最寄りの施設

白山平泉寺歴史探遊館 まほろば
☎0779-87-6001
白山平泉寺の旧境内にある。館内ではプラズマディスプレイによる大型画面での白山周縁の自然景観や、タッチパネル方式でのガイダンスなどもある。山岳信仰の歴史や現在継続中の発掘調査出土品なども展示されている。

雨が似合う境内

奥宮エリアへの石段

マジカルパワー

日吉大社《ひよしたいしゃ》（平安京《へいあんきょう》の表《おもて》鬼門《きもん》）❻

金大巌《こがねのおおいわ》に秘められた、紀元前のエネルギーを感受

コースデータ

見学時間（目安）：**1〜2時間**
楽しめる期間：**通年**
お勧めの季節：**新緑・紅葉（11月中旬）**
歩行距離：**3㎞（奥宮含む）**
標高：**350m**
標高差：**150m前後**

温泉データ

おごと温泉 暖灯館きくのや
泉質：**アルカリ性単純温泉**
所在地：**滋賀県大津市雄琴6-1-29**
☎077-578-1281

アクセス　名神高速道路・京都東ICから西大津バイパスを経て、車で約20分

滋賀県

大津市

コースの特徴

２１００年という壮大な歴史の蓄積は、境内を歩く我が身にずっしりと伝わってくる。森閑とした境内に流れる風は、一つひとつの出来事の面影を運んでくるかのようでもある。

崇神《すじん》天皇の頃に創建されたと伝えられ、その後平安京遷都の際には、京都の表鬼門（北東）にこの地があたることから、都の魔除・災難除を祈願する場所ともなった。さらに、比叡山にて最澄《さいちょう》が延暦寺を開山した後は、天台宗の守り神として崇拝されてきた。

広大な敷地は、大きく３つに分かれている。「大山咋神《おおやまくいのかみ》」を祀《まつ》る東宮エリア、そして「大己貴神《おなむちのかみ》」を祀る西本宮エリア、そして八王子山の山頂周縁にある奥宮エリアである。奥宮エリアへは、敷地内中心部から片道30分（１㎞）、標高差約１５０ｍ程度の山道でのアプローチとなる。

この奥宮エリアには、パワースポットと

（上）苔むした参道
（右）高さ 10m もある金大巌
（左）奥宮を支える柱群

猿の霊石

して注目されている「金大巌」が鎮座しており、最初の神、大山咋神はこの10mもある巨岩に宿ったという伝説が残されている。毎年4月に催される山王祭では、この金大巌を挟んで建つ「三宮宮」と「牛尾宮」に上げられていた神輿《みこし》に神様がお遷《うつ》りになられ、氏子に担《かつ》がれて山から降りてくる。また、東本宮参道の脇にある猿の霊石をはじめ、魔除けの象徴としての「神猿（まさる）」伝説も見逃せない。

最寄りの施設

大津市歴史博物館
☎077-521-2100
琵琶湖湖畔を中心に、大津や近江の歴史にかかわる詳しい資料展示がされている。また、琵琶湖西にある比叡山に関する展示物も豊富であり、日吉大社の歴史データも保存されている。縄文時代からの歴史が残る琵琶湖沿岸の歴史を、広く俯瞰できるような展示内容となっている。

物語のある土地

京都の鬼門《きもん》・愛宕山《あたごやま》 ⑦

火《ひ》伏《ぶ》せの神が宿る山

京都府

京都市右京区・亀岡市

鳥居手前の長い石段

神門をくぐる

コースデータ

見学時間（目安）：**4～5時間**
楽しめる期間：**通年**
お勧めの季節：**新緑(5月)・紅葉(11月上旬)**
歩行距離：**4.2㎞（駐車場から）**
標高：**924m**
標高差：**累積標高差は1000mを超す**

温泉データ

さがの温泉 天山の湯
泉質：**ナトリウム・カルシウム塩化物泉**
所在地：**京都府京都市右京区嵯峨野宮ノ元町55-4-7**
☎075-882-4126

アクセス 名神高速道路・京都南ICから清滝方面へ車で約50分（清滝駐車場まで）

コースの特徴

江戸時代の作家・十返舎一九による滑稽本『東海道中膝栗毛』に有名な句がある。「伊勢へ七度（ななたび）熊野へ三度（さんど）愛宕様へは月参り」。聖地巡礼旅の頻度を例えた一節である。月参りするくらい愛宕様への信仰が厚かったのであろう。当時の江戸で詠まれた句なので、ここに登場する「愛宕様」は、東京赤坂の愛宕神社を指すとされる。

東京の愛宕神社を含め、全国900余り存在する愛宕神社の総本社が、ここ京都の愛宕山にある。本社の愛宕神社では、なんと1回の参拝で千日分の功徳が得られる日がある。毎年7月31日から翌日未明までにかけての千日通夜祭である。その日に3歳までの子どもが参ると、その子は一生火難から逃れられるというので、子どもを背負って参拝する人も多いという。ただ、表参道の累積標高差はなんと1000m近くもある。山歩き初心者に

（上）参道を往く樒の葉を運ぶ人
（右）見事な猪の彫り物
（左）拝殿への登り石段

木漏れ日の登山道

は、かなりの覚悟と事前準備が必要とされる。

この愛宕神社の神花は、樒《しきみ》である。昔から近隣の町村の総代は月参りの際に樒の枝を受け取り、町内各戸へと配り神棚に供えて防火を祈ったという。そして、万が一どこかの家で出火が発生した場合には、即刻神前へ詣り、お詫びをするという風習が残っている。

最寄りの施設

嵯峨野トロッコ列車
☎075-861-7444
京都有数の観光地・嵐山から愛宕山の南を流れる保津川沿いに走っている、観光トロッコ列車である。窓ガラスのないオープン車両もあり、四季折々の風情を体感することができる。特に桜開花時期（3月下旬～4月上旬）や紅葉の盛り時期（11月中旬～12月上旬）は多くの人出でにぎわうことでも知られている。

問い合わせ先　京都総合観光案内所　☎075-343-0548

物語のある土地

京都・大江山《おおえやま》 8

鬼の頭領・酒呑童子《しゅてんどうじ》伝説の本拠地

京都府

福知山市・与謝野町・宮津市

大江山の西山麓

鬼の交流博物館入り口

コースデータ

見学時間（目安）：**1〜2時間**
楽しめる期間：**通年**
お勧めの季節：**新緑（5月）・紅葉（10月下旬）**
歩行距離：**1㎞未満**
標高：**256m（鬼の交流博物館）**
標高差：**ほとんど無し**

温泉データ

ニコニコ温泉
泉質：**弱アルカリ性低張性冷鉱泉**
所在地：**京都府福知山市広峯町22**
☎0773-23-2525

アクセス 京都縦貫自動車道・舞鶴大江ICから国道175号を経て、車で約45分

コースの特徴

鬼退治など、鬼にまつわる伝説や物語は日本全国に存在するが、この大江山周縁はその本拠地の1つである。

神楽《かぐら》などの演目には必ず登場する「酒呑童子」は、酒が好きな鬼の頭領とされるが、この大江山山麓の洞窟内に住んでいた盗賊のリーダーであったともいわれている。

地方にはさまざまな伝説が残っており、出雲で素戔嗚命（スサノオノミコト）に敗れたヤマタノオロチが近江国へと落ち延び、その子として誕生したのが酒呑童子だとの説もある。

いずれにしても、鬼は架空の存在であり、定まった姿があるわけではない。鬼の語源は、「おぬ（隠）」ともいわれ、明確な姿を見せることはなく、さらに変身能力をも兼ね備えていた。時には、見目麗しい青年や美女の姿で現れて、現実世界の住人を幻惑の世界に誘ったりする。

（上）鬼の博物館前にある巨大な鬼の顔面
（右・左）大江山西山麓にある
大生部兵主神社

博物館内展示

能楽の世界では、地獄からの使者や怨霊として登場し、賢者に懲らしめを受ける悪者のイメージが定着している。しかし、この大江山にある交流博物館内での展示物などを丹念に見ていると、悪者としての鬼のイメージばかりではなく、時の権力に迎合しない「まつろわぬ民」の姿が浮かし彫りになってくるのだ。

最寄りの施設

日本の鬼の交流博物館
☎0773-56-1996
「鬼」に関するさまざまな情報や展示を見ることができる。日本各地に残る鬼伝説の解説や、世界の鬼（魔物やデビル等）の仮面なども収集されている。日本の裏文化ともいえる、鬼にかかわる民俗文化を広く俯瞰できるような展示内容となっている。

問い合わせ先 福知山観光協会 大江支部 ☎0773-56-1102

玉置神社

巨樹の森（玉置山）

修験の山・森

玉石社《たまいししゃ》（玉置山《たまきさん》）❾

古代から磐座《いわくら》信仰として崇められた玉石

奈良県

吉野郡十津川村

コースデータ

見学時間（目安）：**1〜2時間**
楽しめる期間：**4〜11月**
お勧めの季節：**紅葉（11月初旬）**
歩行時間：**約30分（玉石社まで）**
標高：**1077m（玉置山）**
標高差：**100m前後（社殿〜玉石社）**

温泉データ

上湯温泉 神湯荘
泉質：**ナトリウム-炭酸水素塩泉**
所在地：**奈良県吉野郡十津川村大字出谷220**
☎0746-64-0256

アクセス 京奈和自動車道・五條ICから国道310号・168号を経て、車で約2時間

コースの特徴

この玉石社のある玉置山は、大峯《おおみね》修験道の奥駈道《おくがけみち》ルート沿いにある。神武《じんむ》天皇東征以前からあったといわれる、磐座信仰の対象として崇められてきたこの玉石には、多くの修験者が立ち寄ったことが記録されている。それだけでも、この霊石からは長年の祈りが蓄積されたエネルギーが放散されているといえる。

これは、この霊石が埋まる玉置山の特異な立地や地層構造にも関係している。玉置山の属する奈良県は海と接していない。しかし、玉置山山頂からは熊野灘を遠望することができ、熊野沖を航行する船乗りたちの目印となって、熊野の海人たちが安全祈願に参詣した歴史を持つ。さらに、玉置山の地殻には、海底火山が噴火したことによって生じる枕状《まくらじょう》溶岩堆積地があり、その曲がった丸木状の露出部分の一部が玉石だとの説もある。

紀伊半島の熊野地方では、1500万

（上）古代の御神体・玉石
（右）玉置神社境内
（左）玉石社

奥駆道

年前に起きた巨大噴火の痕跡とされる熊野カルデラが昨今注目を浴びている。そのカルデラに伴う、多くの神秘的な地層や地殻が露出したエネルギースポットが、熊野山中には点在している。

　古来、人々はそのような地球の底力を感受できる土地を、神域と考えてきたのではないだろうか。大峯修験道の奥駈道とは、そのようなスポットを巡ることなのではないだろうか。

最寄りの施設

十津川村立歴史民俗資料館
☎0746-62-0137
幕末から明治維新にかけて「十津川村」は、大きく揺籃の時を迎えた。「坂本竜馬暗殺事件」では、刺客が「十津川郷士」を名乗っている。また、「天誅組（てんちゅうぐみ）」にも多くの十津川郷士が参加している。そんな勤皇精神に富む十津川郷士の歴史を中心とする展示物は、一見の価値がある。

 問い合わせ先 十津川村観光協会 ☎0746-63-0200

マジカルパワー

天河大弁財天社《てんかわだいべんざいてんしゃ》 ⑩

芸能の神を祀《まつ》る、神気あふれる森

奈良県

吉野郡天川村

朱色の橋が入り口である

大峯修験道入り口(洞川)

コースデータ

見学時間（目安）：**1時間**
楽しめる期間：**通年**
お勧めの季節：**春季大祭（4月中旬）**
歩行距離：**1㎞未満**
標高：**600m**
標高差：**ほとんど無し**

入浴施設

天川薬湯センター
みずはの湯
生薬配合の薬湯
所在地：**奈良県吉野郡天川村山西298-3**
☎0747-65-0333

アクセス

京阪名自動車道・御所南ICから国道309号、県道53号を経て、車で約50分

コースの特徴

紀ノ川水系と熊野川水系の源であるこの山域には、巨樹の森や霊石と呼ばれる巨岩など、神気あふれる場所が点在している。社殿に上がるとその濃密な神気がみなぎっているのがわかる。

杉木立に囲まれた石段を上り詰めると、そこには能舞台が設けられた拝殿がある。拝殿の隅々まで光と風が澄み渡り、瑞々《みずみず》しい森の精気に満ち満ちている。拝殿内から本殿への昇り階段を仰ぎ見ていると、光と風の中に揺らぐ神の気配を感じるかもしれない。

この神域がある天川村《てんかわむら》は、奈良県の中部に位置しており、吉野山系と熊野山系の境目ゾーンにあたるという。お祀《まつ》りする御祭神も、「吉野坐大神《よしのにますおおかみ》」と「熊野坐大神《くまのにますおおかみ》」が列座されている。急峻な山容が都との自然障壁となってきた吉野山系、そして熊野灘へと緩やかに繋がる、穏やかではあるが奥深い熊野山系。その

（上）拝殿
（右）洞川にある役行者像
（左）奉納の能が舞われる舞台

神社境内

2つの山系の分水嶺に隣接する山域に、天河大弁財天社は位置しているのである。

そして大峯修験道の入り口でもある洞《どろ》川《がわ》も同じ天川村にあり、天河大弁財天から車では至近距離の場所にある。役行者《えんのぎょうじゃ》が水行をした龍泉寺には、水の霊気が濃厚に漂っている。言ってみれば天川村とは、吉野と熊野という二大霊場の結節点なのかもしれない。

最寄りの施設

洞川・龍泉寺
☎0747-64-0001
天河大弁財天から車で約15分の距離にある。ここは、大峯修験道の入り口とされる洞川温泉郷の中にあり、夏期には山上ヶ岳の蔵王堂をめざす修験者や参詣者で非常ににぎわう場所でもある。修験道開祖・役行者が八大龍王尊をお祀りし、水行をしたのがこの寺の起源であると伝えられている。

マジカルパワー

丹《に》生《う》都《つ》比《ひ》売《め》神社《じんじゃ》 ⑪

朱砂《しゅしゃ》（水銀）採掘をめぐる丹生明神の謎

和歌山県

伊都郡かつらぎ町

朝の境内

第一から第四まである本殿

コースデータ

見学時間（目安）：**1時間**
楽しめる期間：**通年**
お勧めの季節：**ライトアップされる夜**
歩行距離：**1㎞未満**
標高：**460m**
標高差：**ほとんど無し**

温泉データ

かつらぎ温泉 八風の湯
泉質：**アルカリ性単純温泉**
所在地：**和歌山県伊都郡かつらぎ町佐野702**
☎0736-23-1126

アクセス

高野山方面から高野山大門（国道480号）、高野山志賀トンネル出口（県道109号）を経て、神社まで約30分（大門から）

コースの特徴

漆黒の闇に浮かぶ「朱」ほど、この世において幻惑的な色はないだろうと思う。その思いに確信を与えてくれる夜を、霊峰・高野山山麓で迎えることができるのだ。年間幾度かのライトアップがなされる、丹生都比売神社の夜のことである。

その名の通り透き通った水面の鏡池には、朱色の逆さ輪橋（太鼓橋）が映り、「夢とうつつ」の世界を結んでくれている。その輪橋の上から見る、楼門や本殿、鳥居などは、闇夜に浮かぶ朱色の重要文化財群なのである。ほどよい緊張と弛緩《しかん》とが体内を交差し、ふとしたはずみに弘法大師空海の気配を背後に感じるかもしれない。

この神社は高野山と深い因縁を持っている。空海が金剛峯寺を建立するにあたって丹生都比売神社が神領を寄進したと伝えられ、古来、高野山の鎮守社として知られていた。また、高野山への表参道で

（上）輪橋
（右）楼門前石段
（左）中鳥居から楼門

祝詞舎

ある高野山町石道《ちょういしみち》（国の史跡、世界遺産）が近くを通過しており、高野山へ参詣する人は必ず神社にも立ち寄ったといわれている。丹生都比売大神は朱砂を支配する丹生族の祀《まつ》る女神とされており、この神社は、全国にある丹生神社八十八社、丹生都比売大神を祀る神社百八社の総本社である。

最寄りの施設

丹《に》生《う》官省《かんしょう》符《ふ》神社

☎0736-54-2754

弘法大師が御母公(玉依御前:たまよりごぜん)への廟堂として建てた慈尊院とともに、高野山町石詣でのスタート地点にある神社。丹生都比売神社もそうであるが、これらは世界遺産構成要素となっている社寺なので、同時に訪れてみたいものである。

問い合わせ先 丹生都比売神社 ☎0736-26-0102

修験の山・森

伯耆《ほうき》大山《だいせん》 ⑫

出雲風土記に記された日本最古級の神山

鳥取県

西伯郡大山町

大山山麓からの弓ヶ浜

大山開山 1300 年祭
(2018 年)

コースデータ

見学時間（目安）：**1〜2時間**
楽しめる期間：**通年（冬季は積雪あり）**
お勧めの季節：**新緑（5月）・紅葉（10月下旬）**
歩行距離：**2〜3㎞**
標高：**890m（大神山神社）**
標高差：**140m（駐車場から大神山神社まで）**

温泉データ

豪円湯院
泉質：**弱アルカリ性単純温泉**
所在地：**鳥取県西伯郡大山町大山25**
☎0859-48-6801

アクセス　米子自動車道・溝口ICから県道45号線を経て、車で約30分

コースの特徴

この山の明媚《めいび》な美しさへの深い理解は、とある場所と時間帯を知ることによって得られるはずである。その場所とは、大山の北側に弧線を描くような波打ち際を有する「弓ヶ浜」であり、時間帯とは日の出前の黎明《れいめい》どきである。

まさに、国引き神話（出雲風土記）に登場する杭（大山）と網（弓ヶ浜）にも通ずる位置関係だ。神話に登場する2つの場所を視野に収めながら、刻一刻変容していく空と海、そして山に射し込む光彩美の世界に浸れるのである。

古代から変わらぬ夜明けの色調には、日本最古級の神山ならではの物語性が織り込まれているに違いない。そんな神山・大山は2018年に山岳修験道・開山1300年を迎え、改めて霊山としての奥深さがクローズアップされている。神話の物語性とともに、修験霊山としての神秘性が共存する稀有《けう》な山域として再注

（上）大山の朝焼け
（右）鍵掛峠からの大山南壁（秋）
（左）大山開山 1300 年祭（2018 年）

大神山神社への参道

目されているのだ。

大山寺から大神山神社への参道筋は、苔むした石畳が敷き詰められており、夏は森林浴、秋には紅葉狩などで五感を癒しながら歩けるのもいい。

また、大山を周回するドライブコースもある。秋には、南面側の鍵掛峠《かぎかけとうげ》からの景観に息をのむことだろう。

最寄りの施設

植《うえ》田《だ》正《じょう》治《じ》写真美術館

☎0859-39-8000

鳥取県西伯郡出身で、鳥取砂丘を舞台にした「砂丘シリーズ」にて知られている写真家・植田正治の個人美術館である。植田は生涯山陰の自然にこだわりを持ち続け、独自の視点から作品を撮り続けた。大山を借景のように取り込んだ建物設計は、世界的建築家である高松伸による。

修験の山・森

投《な》げ入《い》れ堂《どう》 ⑬

役行者《えんのぎょうじゃ》の法力で絶壁に投げ入れられたお堂

鳥取県

東伯郡三朝町

急傾斜の修験道

歩き始めから
急勾配となる

コースデータ

見学時間（目安）：**2.5時間**
楽しめる期間：**4〜11月**
お勧めの季節：**紅葉（11月初旬〜中旬）**
歩行距離：**2〜3㎞**
標高：**508m（投げ入れ堂）**
標高差：**230m前後**

温泉データ

三朝温泉 たまわりの湯
泉質：**ナトリウム-塩化物・炭酸水素塩泉**
所在地：**鳥取県東伯郡三朝町三朝910-7**
☎0858-43-0017

アクセス 中国自動車道・院庄ICから国道179号を経て、車で約1時間

コースの特徴

全国でも数少なくなった、「昔の修験道」の雰囲気を十分味わえる山岳参詣道である。結界である朱色の門をくぐると、空気が一変し、ピーンと張りつめた霊気に全身が包み込まれていく。

道のいたる所で巨樹の根がまるで波のようなうねりを見せており、その根をつかみながら斜面を昇ると、鎖が垂らされた岩肌が黒光りしながら出迎えてくれる。巨樹や奇岩の力強さに圧倒されながらも、自然が奏でる音調の中に溶け込んでいく気分に浸れるのが不思議である。

上部に進むほど、木造建築物が次々と現れてくる。文殊堂、地蔵堂、鐘楼堂のあたりでは、木々の間から下界を眺望することもできる。さらに進むと、再び岩肌が点在してくる。馬の背、牛の背と呼ばれる奇怪な岩尾根を渡ると最上部エリアが近づいてくる。三徳山《みとくさん》の山腹に露出した巨大な奇岩が屏風のように手を広げ

（上）投げ入れ堂
（右）木の根をつかみながら登る
（左）修験道に絡まる巨樹の根

投げ入れ堂への結界

ている。

観音堂奥の洞窟を胎内くぐりのように迂回すると、投げ入れ堂への最後の曲がり角に到達する。つまり、投げ入れ堂の姿は、この参詣道途上ではほとんど視界に入らないのである。この山岳参詣道の最終到達地点が投げ入れ堂であることは間違いない。しかし、そこに到達するまでの道程の変幻こそ、この修験道の真髄ではないだろうか。

最寄りの施設

倉吉《くらよし》白壁《しらかべ》土《ど》蔵群《ぞうぐん》

☎0858-22-1200（案内所）

江戸時代から明治時代にかけ、山陰と山陽を結ぶ街道沿いの町として栄えた倉吉。市内を流れる玉川沿いには、往時の面影が残る風情ある町並みが残っている。それが、白壁土蔵群を中心とするレトロな一角だ。投げ入れ堂からは、車で 30 分程度の距離である。

宮島の裏道を歩く

巨岩群（弥山山頂部）

マジカルパワー

世界遺産の島・宮島《みやじま》（弥山《みせん》）⑭

修験道の山・弥山山麓に点在する癒し場

広島県

廿日市市

コースデータ

見学時間（目安）：**2～3時間**
楽しめる期間：**通年**
お勧めの季節：**早春・秋（紅葉）**
歩行距離：**2～3km**
標高：**535m（弥山）**
標高差：**535m(海抜0m地点から)**

温泉データ

べにまんさくの湯
泉質：**単純弱放射能低温泉**
住所：**広島県廿日市市宮浜温泉2丁目2-1**
☎0829-50-0808

アクセス　山陽道廿日市ICから車で約6分、宮島口よりフェリーで約10分

コースの特徴

世界遺産の島・宮島といえば、朱色の寝殿造りの社殿があまりにも有名である。しかし、ここでは山岳修験の山・弥山を中心に、この島の各所に点在する、通称「弥山七不思議」と呼ばれるマジカルパワースポットをいくつか紹介したい。

その筆頭格が、島の屋台骨ともいえる巨岩が連なる、弥山山頂部である。修験道の行者に思いを馳せるには、海抜0m地点からの登拝（片道約2～3時間）がお勧めであるが、体力的、時間的に余裕のない方は、ロープウェイを活用できる。その場合、ロープウェイの最終駅から徒歩約30分で山頂に到達が可能だ。

山頂周辺には巨岩が点在し、その背景には広島湾の多島美世界が彩りを添えている。また、恋人の聖地とされる「消えずの火」なども七不思議の1つである。

それ以外に、山頂部裏手にある御山《みやま》神社にも立ち寄ってほしい。明治時代まで

（上）弥山山頂部からの幻想的景観
（右）砂曼荼羅（大聖院）
（左）遍照窟（大聖院）

御山神社

ここには三鬼神が祀《まつ》られており、ほかの場所とは流れる空気が違っている。この社《やしろ》は絶壁のそばにあり、まさに天空の霊場ともいえるだろう。

さらに、弥山からの下山道には、真言宗御室《おむろ》派の大本山である大聖院《だいしょういん》の本坊がある。ここでは、ダライ・ラマ14世がお座りになった玉座や、チベット僧侶らにより作成された「砂曼荼羅」を見ることができる。また遍照窟《へんじょうくつ》では、ともし火の空間でお遍路の疑似体験が可能だ。

最寄りの施設

嚴島神社

☎0829-44-2020

平清盛（たいらのきよもり）が安芸守となった時代に、この神社を厚く崇敬し、現在の寝殿造りの様式である社殿を修造した。その後、平家一門をはじめ、皇族からも多くの人が参詣したことでも知られている。特に、海上に設置された巨大な朱の鳥居は、満潮時には海水に浸り、干潮時には徒歩で接近できる。

地球の底力

三瓶《さんべ》小豆原《あずきはら》埋没林《まいぼつりん》 ⑮

4000年前に起きた火山活動の痕跡

島根県

大田市

化石となった縄文の森

根株展示棟

コースデータ

見学時間（目安）：**1時間**
楽しめる期間：**冬季を除く通年**
お勧めの季節：**早春・秋（紅葉）**
歩行距離：**1㎞未満**
標高：**約200m**
標高差：　**20m前後（階段上り下り）**

温泉データ

四季の宿 さひめ野
泉質：**ナトリウム-塩化物泉**
所在地：**島根県大田市三瓶町志学2078-2**
☎0854-83-3001

アクセス　松江自動車道・三刀屋木次ICから国道54号、県道40号を経て、車で約1時間20分

コースの特徴

火山列島である日本には、「埋没林」や「化石林」という名前のついた場所が約40か所ある。その中でも、ここ小豆原埋没林が他を圧倒する理由がある。それは、直立状態で残存する埋没樹のスケールが巨大であり、1枚の写真に収めるのに苦労するほどであることだ。そのスケールは、世界的にも極めて貴重な存在であるという。

　約4000年前、この場所には千年以上の樹齢を有する、杉を中心とする巨樹の森が展開していた。天を衝《つ》く巨大な樹木が林立していたのであろう。その森に、三瓶山《さんべさん》の噴火に伴う岩屑《がんせつ》なだれが泥流となって流れ込んだのである。その泥流に一気に森は飲み込まれ、その上に火砕物の二次堆積物が堆積していった。

　この埋没林の発見は意外にも遅く、1983年である。20世紀の終わりになって、ようやく太古の眠りから目覚めたの

（上）縄文の森発掘保存展示棟内
（右）化石となった縄文の巨杉
（左）地下に展示される埋没林

日本海から見る三瓶山

だ。地下13mへ下っていく「根株展示」へのらせん階段は、まるで太古の地球へのタイムトリップのごとくである。
　できれば、この埋没林を山麓に有する三瓶山を、日本海側から遠望してほしい。三瓶山の噴火が古代出雲人へ及ぼした影響の大きさに、思いを馳せることができるだろう。

最寄りの施設

島根県立三瓶自然館サヒメル
☎0854-86-0500
くにびき神話『出雲風土記』において、「杭」と表現された三瓶山。その山麓にある、プラネタリウムなどを兼ね備えた自然系博物館。天体観測会や自然体験会なども頻繁に開催されている。

山辺の癒し場

物語のある土地

蹈鞴《たたら》の郷《さと》・奥出雲《おくいずも》 16

古代製鉄技術の郷を訪ねる

菅谷たたら山内（集落）

たたら御三家の１つ
田部家（吉田町）

コースデータ

見学時間（目安）：**2〜3時間**
楽しめる期間：**通年**
お勧めの季節：**稲穂が垂れる9月中旬**
歩行距離：**1〜2㎞**
標高：**530m（たたら工房）**
標高差：**ほとんど無し**

温泉データ

亀嵩温泉 玉峰山荘
泉質：**アルカリ性単純温泉**
所在地：**島根県仁多郡奥出雲町亀嵩3609-1**
☎0854-57-0800

アクセス 松江自動車道・高野ICから国道432号を経て、車で約2時間

島根県
仁多郡奥出雲町・雲南市

コースの特徴

近年になり、日本刀への注目度が新たな高まりを見せている。武器としてではなく美術品としての価値は、海外からも熱い視線が向けられている。

現在、日本各地には約２００か所の日本刀を製造する鍛刀地《たんとうち》があり、刀鍛冶《かたなかじ》職人が伝統工芸の世界に身を浸している。その日本刀作刀の素材に欠かせないのが、高品質の和鋼《わこう》（玉鋼《たまはがね》）である。この素材は、現代の先端工業技術でも製造することが困難であり、古くから継承されてきた「たたら（蹈鞴）工法」が唯一その生産を担《にな》っている。

奥出雲地方は、この「たたら工法」の本拠地である。島根県横田町には、日本美術刀剣保存協会が運営する「日刀保たたら」と呼ばれる工房があり、伝統工法技術の継承と同時に玉鋼の生産に現在従事している。

また、雲南市吉田町はたたら生産で栄

（上）古代たたら工法
（右）高殿の中心部にある炉心
（左）菅谷たたら集落にある高殿

船通山山頂からの奥出雲

えた町で、田部家土蔵群など見所が多くある。その田部家が所有していた「たたら場」が、近くにある菅谷《すがや》たたら山内だ。ここには、江戸時代から大正10（１９２１）年まで１７０年間操業されてきた「高殿」があり、内部を見学することができる。

　また、奥出雲にはヤマタノオロチ伝説の残る船通山《せんつうざん》がある。この山の山頂から俯瞰《ふかん》する奥出雲の風景は、どこまでも穏やかである。

最寄りの施設

奥出雲たたらと刀剣館
☎0854-52-2770
日本刀の制作過程とともに、たたら工法の近世以降の歴史などについても学ぶことができる。奥出雲町在住の刀鍛冶による、日本刀作刀の実演なども開催されることがある。建物入り口前には、ヤマタノオロチをモチーフとしたオブジェや、三種の神器の1つ、天叢雲剣（あめのむらくものつるぎ）を題材とした剣のモニュメントもある。

問い合わせ先　奥出雲町観光協会　☎0854-54-2260

修験の山・森

四国の霊峰・石鎚山《いしづちさん》 ⑰

西日本最高峰が有する霊力

瓶ケ森から見る石鎚山

この上部に鎖場がある

コースデータ

見学時間（目安）：**5時間**
楽しめる期間：**5～11月**
お勧めの季節：**新緑（5月）・紅葉（10月）**
歩行距離：**9.2㎞**
標高：**1970m**
標高差：**478m**

温泉データ

国民宿舎 古岩屋荘
泉質：**低張性アルカリ性冷鉱泉**
所在地：**愛媛県上浮穴郡久万高原町直瀬乙1636**
☎0892-41-0431

アクセス　久万高原町から石鎚スカイラインを経て、土小屋まで車で約1時間

愛媛県
上浮穴郡久万高原町・西条市

コースの特徴

昨今は、日本百名山や西日本最高峰という冠のつけられることが多い石鎚山である。しかし、その山域へと向かう途上においてさえ、修験の山域が発するオーラが次第に濃くなっていくのが体感できる。

それは2つの登拝ルートともに、成就《じょうじゅ》社《しゃ》と土小屋遥拝殿という結界的建造物の存在が大きい。その結界を通過すると、一気に周囲の景観が変化するのである。巨樹や巨岩が発する霊気が参詣道沿いを浄化してくれている。

分岐点となる鳥居からの登り坂には鉄製階段が取り付けられており、安全に上り下りすることができる。奥宮が近づくにつれて視野が拡大していき、流れる雲が険しい稜線を覆い隠す幽玄的な景観にも出会えるだろう。

一般の人には頂上社のある弥山《みせん》（標高1974m）までの往復を勧める。実質的

（上）石鎚山頂部からの天狗岳
（右）修験の森に相応しい霧海
（左）山並みのグラデーションが美しい

稜線にまとわりつくガス

な最高峰である天狗岳《てんぐだけ》（標高１９８２ｍ）へは、さらに険しい断崖そばの道を行かねばならないからである。また、石鎚山を遠望するには、隣接する瓶ヶ森《かめがもり》への小登山がよいだろう。この山から見る石鎚山の優美な佇《たたず》まいには、修験の山が持つ厳しさとは別の顔を感じることだろう。

最寄りの施設

石鎚神社 土《つち》小《ご》屋《や》遙拝殿《ようはいでん》
☎0897-53-0008
石鎚神社四社（本社・成就社・奥宮・遙拝殿）の1つとして1971年に創建された。土小屋登山口から参詣登拝する人にとっては、必ず立ち寄りたい場所である。この遥拝殿で「登山切符」とともに肩にかけるリボンを受け取る。二の鎖場（にのくさりば）で、その切符の確認があるため、事前に注意が必要である。

熊野磨崖仏

宇佐八幡宮

修験の山・森

国東半島《くにさきはんとう》・六郷満山《ろくごうまんざん》 ⑱

神仏習合の発祥の地を訪ねる

大分県

国東市・豊後高田市・杵築市

コースデータ

見学時間（目安）：**2〜3時間**
楽しめる期間：**通年**
お勧めの季節：**新緑（5月）・紅葉（11月）**
歩行距離：**2〜3㎞**
標高：**350m（両子寺）**
標高差：**各地に登り坂あり**

温泉データ

ほうらいの里 仙人湯
泉質：**単純温泉**
所在地：**大分県豊後高田市大岩屋46**
☎0978-53-4001

アクセス 大分空港道路・杵築ICから県道49号・31号を経て、車で約30分（両子寺まで）

コースの特徴

九州の地図を眺めると、この国東半島部分だけが「たんこぶ」のように突き出しているのがよくわかる。その、たんこぶ様の半島全体が円に近い火山地形であり、標高721mの両子山《ふたごさん》を頂点とする火山群の噴出物で形成されている。その後堆積した土壌が侵食され、大きく6つの谷となって放射状に海岸へ延びたとされている。

六郷満山の六郷とは、その6つの谷に開けた郷「武蔵（むさし）、来縄（くなわ）、国東（くにさき）、田染（たしぶ）、安岐（あき）、伊美（いみ）」を意味している。その六郷の地で、宇佐《うさ》神宮での八幡信仰と天台系修験とが融合し、独自の宗教文化・六郷満山文化を育んでいったのである。火山という地殻エネルギーの上に、神仏習合の山岳仏教文化が華開いたのだ。

この地の修験道は、越前の白山、山陰の大山などと同じく、約1300年前頃

(上) 両子寺の石段前にある仁王像
(右) 富貴寺入り口
(左) 両子寺・仁王像前にある朱色橋

五辻不動からの姫島

からスタートするのである。

国東半島では、両子寺、熊野摩崖仏のほかに、五辻不動、富貴寺、旧千燈寺跡の石仏群、そして宇佐神宮など、1日ではとても回りきれないほど、見所満載である。

できれば、国東半島内のどこかに宿泊し、少なくとも2日はかけて巡ってもらいたい。

最寄りの施設

熊野《くまの》磨崖仏《まがいぶつ》

☎0978-26-2070

10年に一度しか開催されない、全行程150㎞、10日間前後に及ぶ、「六郷満山の峰入り」は、この摩崖仏の前から始まる。平安時代末期に造形されたとされる磨崖仏は、高さ8mの「不動明王」と「大日如来」の2仏である。この磨崖仏に至るには100段近くの急峻な石段を登らなければならない。

問い合わせ先 国東市観光協会 ☎0978-72-5168

神話伝承の郷

高千穂《たかちほ》（高千穂峰《たかちほのみね》・高千穂町）⑲

記紀神話の郷に身を浸す

宮崎県

西臼杵郡高千穂町・都城市

高千穂の峰々

高千穂峡・天岩戸

コースデータ

見学時間（目安）：**1時間（山を除く各地）**
楽しめる期間：**通年**
お勧めの季節：**新緑（5月）・紅葉（11月上旬）**
歩行距離：**1km前後（山を除く各地）**
標高：**300m（高千穂神社）**
標高差：**ほとんど無し**

温泉データ

高千穂温泉
泉質：**低張性弱アルカリ単純泉**
所在地：**宮崎県西臼杵郡高千穂町大字三田井3214-1**
☎0982-72-7777

アクセス　九州自動車道・熊本ICから国道57号・325号を経て、車で約1時間40分

コースの特徴

天孫降臨伝説の伝わる土地は、全国にいくつか存在するが、その中でも「高千穂」の名がつく場所、地域はそのリアリティさで他を圧倒している。リアリティさの基準とは、場所を推定する科学的信憑性ではなく、これまでの「信仰の蓄積量」だ。

都城市《みやこのじょうし》にある高千穂峰の山頂には、ニニギノミコトが降臨したときに突き立てたとされる、青銅製の天《あま》の逆鉾《さかほこ》が立っている。坂本龍馬による日本最初の新婚旅行の際に、この逆鉾を引き抜いたことでも知られる。また、山頂に至る途上には馬の背と呼ばれる火口縁があり、火山と神話の関係性についても体感できる。

一方、高千穂町には、天岩戸伝説の地、天安《あまのやす》河《が》原《わら》があり、その幻想的な空間を現代にも伝えている。同町内にある高千穂神社境内には、夜を徹して神楽《かぐら》が舞われる神楽殿。さらに、天孫降臨した神々が高天原《たかまがはら》を遥拝《ようはい》した場所が、槵觸《くしふる》神社近く

（上）高千穂峰を遠望する
（右）高天原・遥拝所
（左）高千穂峡・賽の河原

高天原遥拝所
天孫降臨後、諸神が
この丘に立って
高天原を遥拝された
所と伝えられる。

高千穂神社・神楽殿

の丘にある。

このように、高千穂という名前が付くゾーンには、幾世代にもわたる人々の信仰への熱望が集積されてきた。そこには、後世の人々への贈り物である「清浄な霊力」が秘められているに違いない。

なお、高千穂峰への登山は、高千穂河原から往復約3時間程度はかかり、標高差は約600mである。

最寄りの施設

高千穂町歴史民俗資料館
☎0982-72-6139
神話・伝承物語の宝庫ともいえる高千穂町の、考古・歴史・自然・民俗など、1万点にも及ぶ資料が収蔵、一部展示されている。古くは縄文時代の遺跡出土物である、石棒・土偶や弥生時代の勾玉・土器をはじめ、鎌倉時代の鉄造狛犬や平安時代の神像など、高千穂町の民俗文化の歴史を学ぶことができる。

大観峰からの
カルデラ俯瞰

火口淵から

地球の底力

巨大カルデラ・阿《あ》蘇《そ》山《さん》 20

噴煙をあげる火口淵まで行ける活火山

熊本県

阿蘇市

コースデータ

見学時間（目安）：**1時間**
楽しめる期間：**通年**
お勧めの季節：**早春・秋（紅葉）**
歩行距離：**1㎞未満**
標高：**約1200m**
標高差：**ほとんど無し**

温泉データ

阿蘇健康火山温泉
泉質：**硫酸塩温泉**
所在地：**熊本県阿蘇郡南阿蘇村河陽5579-3**
☎0967-67-2100

アクセス 九州自動車道・熊本ICから国道57号、阿蘇登山道路赤水線を経て、山上方面へ車で約1時間20分

コースの特徴

「こんなに近くまで接近して大丈夫なのか」と、思わず腰が引ける人もいることだろう。マグマからの狼煙《のろし》のごとく舞い上る噴煙。耳を澄ませば、地殻の唸り声が届きそうな距離まで火口淵に接近できるのは、世界でも珍しいのではないか。火口淵では、自らの足裏に意識を集中してほしい。地球のエネルギーであるマグマの流動する響きが伝わってくるかもしれない。

古代から、この巨大なカルデラを有する阿蘇山は霊山として崇《あが》められてきた。それは、阿蘇の噴火が国家的な変事の予兆と意識されていたことにも関係している。噴火は為政者に対する「天からの鉄槌」ともみなされ、善政を施すことを祈る儀礼として、沈静化への祈祷や読経が大がかりに行われたという。

その儀礼の中心を担《にな》ってきたのが、紀元前282年の創立と伝えられる肥後国

（上）絶えず噴煙が上がる火口
（右）復興途上の阿蘇神社
（左）草千里を歩く

一の宮・阿蘇神社で、阿蘇山麓北部のカルデラの中にある。その「上宮」である阿《あ》蘇《そ》山上《さんじょう》神社は、中岳《なかだけ》火口を望む場所にあり、毎年6月には、火山活動の平穏を願って御幣《ごへい》を納める「火口鎮祭」が火口淵で催される。

　また、山頂にほど近い草原状の場所は、その昔「古坊中《ふるぼうちゅう》」と呼ばれ、かつては三十七坊五十一庵が建ち並び、阿蘇山信仰・山岳仏教の一大霊場として栄えていた。

阿蘇修験道・山伏らの居住地跡

最寄りの施設

阿蘇火山博物館
☎0967-34-2111
阿蘇山草千里のそばにある。阿蘇山のみならず、国内外の火山などについての資料展示もある。また、阿蘇山の火口ライブ中継コーナーでは、リアルタイムの噴煙があがる様子など、迫力ある映像を見ることができる。

問い合わせ先　**阿蘇インフォメーションセンター**　☎0967-34-1600

癒し場

column

チェスキー・クルムロフ歴史地区
(童話の物語世界)

チェスキー・クルムロフ歴史地区（チェコ）

チェコのボヘミア地方を流れるモルダウ川沿いにある、中世の面影を残す街。1992年にユネスコの世界遺産に選ばれている。クルムロフ城から俯瞰《ふかん》する街並みは、まるで童話の世界を再現したかのようだ。屋根がレンガ色に統一されており、ミニチュア模型のごとくでもある。

スルタンアフメット・ジャミィ
(祈りと願いの蓄積場)

ブルーモスク（トルコ）

イスタンブールの中心地にある、巨大なイスラム教のモスクである。その内部には淡い青色に彩色された文様などもあり、「ブルーモスク」の通称で呼ばれている。1日5回のお祈りの際、曲線で覆われた内部空間は多くのイスラム教徒らによって、静謐《せいひつ》な癒しの場となる。

野 辺 の

地球の癒し場 **野辺**編

タクラマカン砂漠
（道・街道の面影）

タクラマカン砂漠のオアシス遺跡群（中国）

正倉院の宝物も、シルクロードのタクラマカン砂漠を通ってきたのだろう。猛烈な勢いでの経済発展により昔日の面影は次第に薄くなっているが、古来「栄枯盛衰の舞台」としての場の力を潜在的に秘めている土地だ。「タクラマカン」とは、「一度入ると二度と出て来られない」という意味でもある。

サンティアゴ・デ・コンポステーラの巡礼路
（道・街道の面影）

サンティアゴ・デ・コンポステーラの巡礼路（スペイン）

フランス各地からピレネー山脈を越え、イベリア半島北西にあるサンティアゴ・デ・コンポステーラまで続く巡礼路である。1993年にはユネスコの世界遺産に選ばれ、日本の熊野古道とも連携した取り組みを継続している。この道の巡礼者は、背に負う荷物のどこかに「貝」のアクセサリーを付けている。

古代への通路

神《じん》長《ちょう》官《かん》守《もり》矢《や》史《し》料《りょう》館《かん》 21

縄文時代から伝わるミシャグジ信仰の地

長野県

茅野市

諏訪大社上社本宮

ミシャグジ神が祀られている

コースデータ

見学時間（目安）：**1〜2時間**
楽しめる期間：**通年**
お勧めの季節：**紅葉（10月下旬）**
歩行距離：**1〜2㎞**
標高：**800m**
標高差：**ほとんど無し**

温泉データ

尖石温泉 縄文の湯
泉質：**ナトリウム-硫酸塩・塩化物・炭酸水素温泉**
所在地：**長野県茅野市豊平4734-7821**
☎0266-71-6080

アクセス 中央自動車道・諏訪ICから車で約5分

コースの特徴

資料館に足を踏み入れると、思わずたじろぐかもしれない。壁面に並んで陳列されている、多数の動物から受ける衝撃波にである。串刺しにされた兎《うさぎ》、鹿の脳みそ、猪の頭皮、そして数えきれない鹿の頭部などが、壁面一杯に展示されているのだ。

なにも奇をてらう目的ではない。これは、毎年4月15日に諏訪大社上社にて行われる「御頭祭《おんとうさい》」の生贄《いけにえ》として捧げられてきた獣類の復元展示を目的としている。江戸後期に日本各地を回り、旅記録を残した菅江《すがえ》真澄《ますみ》が描いたスケッチを元にした展示であり、諏訪大社上社における古代からの祭礼形態を考える上で、非常に貴重な資料だ。

このように、野趣に富んだ資料や状景は館内だけではない。史料館から山手方向には、御左口（ミシャグジ）神社と呼ばれる不思議な祠《ほこら》が建っている。この祠

(上) ミシャグジ神社
(右) 神長官守矢史料館の展示物
(左) 諏訪大社上社・前宮の御柱

神長官守矢史料館

の中には、アニミズム的信仰である「ミシャグジ神」が祀《まつ》られており、その背後には、御神木であるカジの木の巨樹が枝葉を広げている。ミシャグジ神信仰は縄文時代から存在していたとされる。

前述以外にも、見落としてほしくない場所がある。それは、ミシャグジ神社の左斜め上方にあるもう1本のカジの巨樹の直下に眠る古墳である。

最寄りの施設

諏《す》訪《わ》大社《たいしゃ》上社《かみしゃ》本宮《ほんみや》

☎0266-52-1991

諏訪神社上社は、守矢家が中世より代々、神官の1つである「神長官 (じんちょうかん)」を明治時代まで勤めてきたお宮である。信濃国一之宮である諏訪大社は、大きく上社と下社に分かれる。そして上社は本宮と前宮、下社は春宮と秋宮の総計四社を有している。諏訪大社は、7年ごとの「御柱祭」でもその名を知られている。

問い合わせ先 神長官守矢史料館 ☎0266-73-7567

往時を偲ばせる石畳の道

中山道・馬籠宿（岐阜県）

道・街道の面影

中山道《なかせんどう》（馬籠宿《まごめじゅく》～妻籠宿《つまごじゅく》）

22

江戸時代の五街道の1つを歩く

岐阜県、長野県

中津川市、木曽郡南木曽町

コースデータ

見学時間（目安）：**2～3時間**
楽しめる期間：**通年（積雪期除く）**
お勧めの季節：**10月下旬**
歩行距離：**約8㎞**
標高：**790m（馬籠峠）**
標高差：**約400m**

温泉データ

滝見温泉 滝見の家
泉質：**アルカリ性単純硫黄泉**
所在地：**長野県木曽郡南木曽町吾妻4689-447**
☎0264-58-2165

アクセス　中央自動車道・中津川ICから国道19号を経て、車で約20分（馬籠宿へ）

コースの特徴

江戸時代の五街道とは、東海道、日光街道、奥州街道、甲州街道、そして中山道である。中山道とは、日本橋から高崎、下諏訪、木曽路の妻籠を経て、滋賀県・草津までの六十七次。最終地を京都の三条大橋とする、総距離は５３０㎞前後の街道である。

この街道は「姫街道」とも呼ばれている。それは、江戸の徳川家に嫁ぐ宮中の皇女らがこの街道を通過したことによる。川の氾濫などにより長期の通行止めが頻発する東海道を避け、山中通過が多い中山道を選択したのが理由ともいわれている。

そんな江戸時代の旅情緒を現代に色濃く残す区間が、今回紹介する「馬籠宿～妻籠宿」だ。歩き出しは標高６００ｍの馬籠宿から始めよう。馬籠峠への登り坂や下り坂は森林浴を楽しみながら歩くことができる。男滝女滝を過ぎる辺りから次第に視界も開け始め、妻籠宿が近づく

（上）木曽の山々を背後に（妻籠宿）
（右）妻籠宿
（左）江戸と京都までの距離表示

峠の茶店にて

と里の匂いが漂い始める。妻籠宿の町並みは、1976年9月に、白川郷、京都産寧坂門前町、祇園茶屋町、萩の武家町とともに、国の重要伝統的建造物群保存地区の1つに選ばれている。

なお、この区間は一方向への徒歩移動となるので、発着地とともに、前後の交通手段を併せて調べておく必要がある。

最寄りの施設

南木曽町博物館
☎0264-57-3322
妻籠宿ではまず立ち寄りたい場所の1つ。江戸時代の本陣を復元した建物と、国重要文化財に指定されている脇本陣奥谷、そして資料館の3つによって構成された博物館である。復元された本陣は、内部構造が豪壮であり往時の栄華を物語る。資料館では妻籠宿の歴史がしっかりと学べるように工夫されている。

木漏れ日を浴びながら歩く

馬越峠入り口

道・街道の面影

熊《くま》野《の》参《さん》詣《けい》道《みち》・伊《い》勢《せ》路《じ》（馬《ま》越《ごぜ》峠《とうげ》）㉓

まるで緑の海底に沈んだような石畳道

三重県

北牟婁郡紀北町

コースデータ

見学時間（目安）：**1～2時間**
楽しめる期間：**通年**
お勧めの季節：**関船祭（10月第3日曜日）**
歩行距離：**2～3㎞**
標高：**334m（馬越峠）**
標高差：**約280m**

入浴施設

夢古道の湯
海洋深層水
所在地：**三重県尾鷲市向井12-4**
☎0597-22-1124

アクセス　紀勢自動車道・海山ICから国道42号を経て、車で約15分（馬越峠登り口まで）

コースの特徴

「紀伊山地の霊場と参詣道（熊野古道含む）」が、世界遺産リストに登録されたのは2004年である。それ以来、和歌山県内にある熊野古道（辺路《へち》）を中心に、国内外から多くの人が訪れている。

　しかし、同じ熊野参詣道でも、ここ伊勢路はあまり露出度が高くなかった。それだけに、昔の面影を色濃く残している場所が点在している。

　伊勢路は、伊勢神宮からいくつもの険しい峠を越え、熊野三山を詣でるための「祈りの道」であった。伊勢参りのあとに、京都や大阪を見物して帰る人も多かったが、その一方で、伊勢路を歩き熊野、さらには西国三十三所観音霊場巡礼に向かう人も少なくなかった。

　下総国《しもふさのくに》の住民、神戸《かんべ》由左衛門《ゆざえもん》が記録した「道中日記帳」によると、伊勢から4泊の行程で伊勢路を抜け新宮に到達している。その伊勢路のハイライトが、馬越

（上）まるで海底のようだ
（右）伊勢路が始まる伊勢の町
（左）苔むした巨石が点在する

伊勢路の終盤、速玉大社

峠だ。鬱蒼《うっそう》とした森の中に、苔むした石畳が敷き詰められた登り坂が連続していく。森の木漏れ日は薄く緑色の色彩を帯び、昔日の旅人が踏みしめた石畳に静かに降り注いでいる。

そしてその石畳には、森の木漏れ日とともに、昔日の旅人が流した汗の残り香や、峠の休息時に交わした会話の残響音が染み込んでいるのだ。

最寄りの施設

三重県立熊野古道センター
☎0597-25-2666
伊勢路の拠点ともなる三重県尾鷲市にあり、伊勢路（熊野古道）に関する歴史・自然・文化の情報を、古道を訪れる人に提供してくれる。特に、映像ホールで上映される「熊野古道」は15分のハイビジョン映像であり、迫力ある熊野古道の景観を堪能できる。

マジカルパワー

伏見稲荷大社《ふしみいなりたいしゃ》・稲荷山《いなりやま》 ㉔

朱色の世界に虚実の境が揺らぐ

京都府

京都市伏見区

朱色の鳥居トンネル

伏見稲荷・正面の鳥居

コースデータ

見学時間（目安）：**2～3時間**
楽しめる期間：**通年**
お勧めの季節：**万灯神事（本宮祭）7月**
歩行距離：**2～3㎞**
標高：**233m（稲荷山）**
標高差：**約170m（稲荷大社～稲荷山）**

温泉データ

桃山温泉 月見館
泉質：**単純温泉**
所在地：**京都府京都市伏見区桃山町泰長老160-4**
☎075-611-0284

アクセス 名神高速道路・京都南ICから府道68号・201号を経て、車で約15分

コースの特徴

朱色の千本鳥居が建ち並ぶ景観が、この伏見稲荷大社の強烈なイメージとなっている。各種の「外国人に人気の観光スポット」ランキングで、近年絶えずトップになっている場所だ。ただ残念なことに、多くのツーリストは大社が秘める別次元のミステリアスな世界に触れることなくこの場を去っている。

この大社を創建したのは、渡来系の秦《はた》氏一族である秦伊呂具《はたのいろぐ》。秦氏は中国・秦始皇帝の子孫という説もある。伝説によると、秦伊呂具が射的の的とした餅が白鳥に変幻し、小山に降り立ったところに稲が生えた。その稲が荷となるくらい豊作になり、「稲荷（いなり）」と呼ばれるようになったという。稲が生えた山が稲荷山とされ、３つの頂《いただき》に稲荷大神を祀《まつ》ったことが伏見稲荷大社の起源とされている。

すなわち、伏見稲荷大社が有する磁場

（上）熊鷹社
（右）雷神・龍神が宿る「御劔社」
（左）外拝殿

運気や運勢がアップするパワーストーン。
「劔石」とも「雷石」とも呼ばれる

エネルギーは、朱色の千本鳥居の背後にある稲荷山そのものにある。稲荷山の山頂エリアは、一ノ峰、二ノ峰、三ノ峰、そして御劔社《みつるぎしゃ》、御膳谷奉拝所《おぜんたにほうはいしょ》を円周形に巡るようになっている。ぜひ、その山頂エリアまで足を延ばしてもらいたい。

また、伏見では酒造文化も併せて味わってほしい。月桂冠大倉記念館のある界隈は、しっとりとした趣のある町並み歩きが楽しめる。

最寄りの施設

月桂冠大倉記念館
☎075-623-2056
伏見といえば、酒造文化の町である。この記念館では、酒樽、木桶、櫂など、江戸期を中心とした酒造用具類が工程ごとに展示されており、往時の職人たちの手技を偲ぶことができる。また、この記念館のある一角には、伏見城の外堀であった壕川が流れており、古い町並みとともに風流な空間を演出している。

広隆寺山門

木嶋坐天照御魂神社鳥居

物語のある土地

京《きょう》都《と》太秦《うずまさ》界《かい》隈《わい》（蛇塚《へびづか》古墳《こふん》ほか）25

渡来系氏族・秦《はた》氏ゆかりの土地を巡る

京都府

京都市右京区

コースデータ

見学時間（目安）：**2〜3時間**
楽しめる期間：**通年**
お勧めの季節：**桜開花時（4月初旬）**
歩行距離：**1㎞前後**
標高：**34m（蛇塚古墳）**
標高差：**ほとんど無し**

温泉データ

さがの温泉 天山の湯
泉質：**ナトリウム・カルシウム塩化物泉**
所在地：**京都府京都市右京区嵯峨野宮ノ元町55-4-7**
☎075-882-4126

アクセス 名神高速道路・京都南ICから府道123号を経て、車で約25分（広隆寺駐車場へ）

コースの特徴

太秦の歴史を紐解くと、その名前の一部になっている「秦」がキーワードであることがわかる。その「秦」とは、渡来系の有力氏族であった「秦（はた）氏」のことを指す。

桓武天皇により、都が長岡京から京都（山背国《やましろのくに》）に遷都される際、太秦を拠点としていた秦氏により、その都づくりの基礎が構築されたともいわれている。さらに能楽の世阿弥《ぜあみ》は、その著『風姿花伝』の中で、能楽（猿楽）の始祖は、秦氏の一員である秦河勝《はたのかわかつ》であると記している。それほどの権勢を誇った豪族であったにも関わらず、一族はそのルーツを含め謎のベールに包まれている。

今回紹介するのは、そんな謎多き渡来系氏族・秦氏ゆかりの場所である。まずは、住宅地の日常に虚を突くように現れる巨石群から。京都の街に残る数少ない古代遺跡の1つである蛇塚古墳は、秦氏関連

（上）住宅街の中にある蛇塚古墳
（右）大酒神社
（左）広隆寺境内

三角鳥居（木嶋坐天照御魂神社）

の墳墓とも推定されている。

次に広隆寺《こうりゅうじ》は、秦河勝が聖徳太子のために建立した京都最古の寺院である。その東に隣接する大酒神社の主祭神は、なんと「秦の始皇帝」、一説には秦氏のルーツは秦の始皇帝ともいわれる所以《ゆえん》である。

最後は、木嶋坐天照御魂《このしまにますあまてるみたま》神社にて、全国唯一の三柱鳥居《みはしらとりい》を見たいものである。

最寄りの施設

東映太秦映画村
☎075-864-7716
広隆寺からは徒歩10分圏内にある。東映京都撮影所の一部を改装し、映画のテーマパークとしている。現在でも一部の施設は、映画やテレビ番組のオープンセット（ロケ地）として使われている。映画の歴史を展示するスペースやお化け屋敷、からくり忍者屋敷もあり、家族連れでも楽しめる。

纏向遺跡群の古墳

山の辺の道を歩く

道・街道の面影

纏《まき》向《むく》遺《い》跡《せき》群《ぐん》・山の辺の道 26

まほろばの郷に古代の面影を訪ねて

奈良県

天理市・桜井市

コースデータ

見学時間（目安）：**2時間（纏向遺跡）**
楽しめる期間：**通年**
お勧めの季節：**秋11月・冬枯れの12～2月**
歩行距離：**2～3㎞（纏向遺跡群）**
標高：**78m（巻向駅）**
標高差：**ほとんど無し（纏向遺跡群）**

温泉データ

あすかの湯
泉質：**アルカリ性単純温泉**
所在地：**奈良県橿原市醍醐町375**
☎0744-21-1126

アクセス　山の辺の道、纏向遺跡ともに公共交通機関でのアプローチを勧める。JR桜井線・三輪駅、巻向駅など

コースの特徴

邪馬台国の比定地をめぐる論争は、江戸時代後期より現代に至るまで諸説入り乱れている。古代史の素人的立ち場からすれば、いくらでも妄想を広げることができるファンタジックで魅力的な世界だ。

その邪馬台国を畿内説とする大きな根拠には、纏向遺跡群にある箸墓《はしはか》古墳の存在があげられる。箸墓古墳を西側から眺めると、その背後に穏やかな山並みが横たわっている。自然そのものを御神体として崇拝した「三輪山《みわやま》」である。その麓《ふもと》には、大物主大神《おおものぬしのおおかみ》を祭神とする大神神社《おおみわじんじゃ》がある。

卑弥呼の墓との説もある箸墓古墳は、三輪山の北山麓から流れ出る纏向川沿いに立地している。周縁の長閑《のどか》な田園風景に、纏向遺跡群と称される大小さまざまな古墳が点在するのである。通学時間帯には、その古墳群の間を小学生が登下校する光景にも出遭う。

（上）大和三山と葛城山、二上山を眺望
（山の辺の道）
（右）箸墓古墳と三輪山
（左）大神神社

山の辺の道を天理から桜井方面に向かって歩き、三輪山近くに至る際には、ぜひ足を延ばして箸墓古墳を中心とする纏向遺跡群を訪ねてほしい。

この遺跡群の中には、まだまだ発掘途上のものもある。今後の出土品や調査報告によっては、邪馬台国比定地をめぐる論争に新たな材料を提供することになるかもしれない。

発掘現場も点在する

最寄りの施設

桜井市立埋蔵文化財センター
☎0744-42-6005
山の辺の道（天理〜桜井ルート）を歩く前後に立ち寄ってほしい場所である。旧石器時代から飛鳥・奈良時代までの出土品が中心であるが、纏向遺跡や三輪山に関するコーナーもある。特に纏向遺跡から出土した「木製仮面」は、一見の価値がある。

 問い合わせ先 桜井観光案内所 ☎0744-44-2377

古代への通路

二上山《にじょうさん》と當麻寺《たいまでら》 27

『死者の書』(民俗学者・折口信夫著)の世界に浸る

奈良県、大阪府

葛城市、
南河内郡太子町

銀杏の落ち葉が道に敷き詰められる(二上山)

夕暮れ時の二上山(右端)

コースデータ

見学時間(目安):**3〜4時間**
楽しめる期間:**通年**
お勧めの季節:**ボタン(5月初旬)・紅葉(11月下旬)**
歩行距離:**約6㎞**
標高:**517m(雄岳)**
標高差:**約400m(當麻寺から雄岳)**

温泉データ

かしば・屯鶴峯《どんづるぼう》温泉
泉質:**単純温泉**
所在地:**奈良県香芝市逢坂1-374-1**
☎0745-79-7526

アクセス 近鉄当麻寺駅から徒歩で15分(門前町を歩いてアプローチしてもらいたい)

コースの特徴

「彼《カ》の人の眠りは、徐《シヅ》かに覺めて行つた。まつ黒い夜の中に、更に冷え壓するもの〻澱んでゐるなかに、目のあいて來るのを、覺えたのである」。折口信夫著『死者の書』の冒頭部分である。不遇の死を遂げた古代の皇子の「めざめ」から物語は始まる。その物語の舞台が、當麻寺を麓《ふもと》にもつ二上山である。

古来、大和の国では、河内国との境をなす山脈(金剛・葛城・信貴《しぎ》・生駒)はミステリーゾーンであった。その中でも奈良盆地から見る二上山は、神秘的な佇《たたず》まいをみせている。双耳峰《そうじほう》である二上山には雄岳と雌岳の2つのピークがあり、春分の日・秋分の日前後にはその間に夕陽が沈んでいく。そのさまを見ながら、古代人は何を想っていたのだろうか。死者の蘇り(黄泉がえり)への思慕を投影していたのかもしれない。

折口の物語では、太古の雫が「した

（上）秋の當麻寺
（右）二上山への登り坂
（左）大津皇子御墓（二上山山頂部）

当地名物・中将餅屋さん

した　した」と垂れる塚穴の底の岩床でめざめたのは、謀反の嫌疑をかけられ憤死した大津皇子《おおつのみこ》。その御霊を癒していくのが、當麻寺に伝わる「當麻曼荼羅」を織ったとされる伝説上の人物、中将姫《ちゅうじょうひめ》だ。

そんなファンタジックな歴史民俗小説の舞台・二上山は、地元の小学生の遠足場でもあり、初心者でも十分に歩くことができる。

最寄りの施設

當麻寺 西南院
☎0745-48-2202
関西花の寺第二十一番霊場として知られている。4～5月にかけては、しゃくなげやぼたんが開花し、秋の紅葉時期（11月下旬前後）には、赤・黄・橙と樹齢300年を超えるもみじ3本がそれぞれに色を染め、訪れる人の目を楽しませる。池泉廻遊式庭園と天平建築の粋たる西塔が優美なハーモニーを奏でている。

問い合わせ先　當麻寺奥院　☎0745-48-2008

御神体である石の宝殿

マジカルパワー

生石神社《おうしこじんじゃ》と竜山《たつやま》 28

重さ500トンもある巨岩の石宝殿

兵庫県

高砂市

コースデータ

見学時間（目安）：**1時間**
楽しめる期間：**通年**
お勧めの季節：**万灯神事（本宮祭）7月**
歩行距離：**1㎞前後**
標高：**30m**
標高差：**ゆるやかな登り坂**

温泉データ

加古川天然温泉
ぷくぷくの湯
泉質：**塩類泉**
所在地：**兵庫県加古川市**
加古川町南備後315-1
☎079-456-2614

アクセス 山陽自動車道・加古川北ICから姫路バイパスを経て、車で約20分

コースの特徴

まずは、神社背後にある山の斜面を登ってみたい。南東方向に目を向けると、山肌が採石によってざっくりと抉《えぐ》られた竜山が異様な姿で飛び込んでくる。

この抉られた場所からは、「竜山石《たつやまいし》」という良質な凝灰岩《ぎょうかいがん》が採石されている。竜山石は、古墳時代から石棺の材料として、日本各地の墳墓で使われており、中世から近世にかけては姫路城の石垣にも使われたという。

その竜山採石場から眼下に目を転じると、足下には逆さドーム型の巨大な穴の中に、窮屈そうに収まる石の宝殿がある。宝殿の形状は、高さ5・6m、奥行5・6m、正面の幅6・5mの直方体。後面には高さ2・9m、奥行1・9m、幅2・5mの横三角形の突起部がある。

重さは500トンと推定されているが、不思議なことに巨岩の下には水がとりまき、まるで浮いているかのように見える。

（上）神社背後にある宝殿山岩山から
（右）三代目霊松（幹部分）
（左）宝殿への入り口門

相生古霊松舎

これは、なんらかの目的のため採石される際、基盤から切り離す途中で作業が中断した痕跡とも考えられている。一説には、聖徳太子の時代に物部守屋《もののべのもりや》によって造られたともいわれている。

　また、高砂市には縁結びのマジカルパワースポットもある。雌雄の株が寄り添いながら生え、永遠の和合を象徴する「相生の松」（高砂《たかさご》神社）だ。

最寄りの施設

高砂神社

☎079-442-0160

能の演目である「高砂」にも登場する相生の霊松（現在は三代目・幹部分のみ）が境内にあることでも有名な神社。この高砂の松と住吉の松とが相生の松であるとし、九州阿蘇神社の神主・友成が、夫婦和合をうたう老夫婦（松の化身）の後を追い、月の出とともに小舟を出し、高砂の浦から一路住吉へ向かう､というのが能楽「高砂」の物語である。

400年以上前の石垣

堅牢な城壁

物語のある土地

竹田城《たけだじょう》・立雲峡《りつうんきょう》（朝来山《あさごやま》）

たなびく朝霧のなかに幽玄な姿を見せる

29

兵庫県

朝来市

コースデータ

見学時間（目安）：**1〜2時間**
楽しめる期間：**通年**
お勧めの季節：**桜開花時（4月初旬）・秋**
歩行距離：**2㎞前後**
標高：**470m（立雲峡展望所）**
標高差：**200m**

温泉データ

黒川温泉
泉質：**アルカリ性単純温泉**
所在地：**兵庫県朝来市生野町黒川457-1**
☎079-679-2067

アクセス　播但連絡有料道路・和田山ICから国道312号、県道277号を経て、車で約10分（立雲峡駐車場へ）

コースの特徴

「天空の城」という冠を実感できる場所は、竹田城から東南の方角・円山川《まるやまがわ》を挟んで対岸に位置する朝来山（標高７５６ｍ）の中腹にある、立雲峡展望台である。よく晴れて冷え込んだ秋の早朝、夜冷やされた大気が、温かい円山川の水に触れ川霧となって、上空をゆらゆらと漂いながら舞い上がっていく。

標高３００ｍ台の丘陵部に設営された竹田城の城郭は、ちょうどそのたなびく川霧の上部に位置しており、揺らめきながら流れる川霧の合間に、その姿を見え隠れさせるのである。その幽玄な姿を見るためには、早起きをして、さらには標高差２００ｍほどの山道を展望台まで歩く意気込みが必要だ。

竹田城は、虎が伏せているような城山であることから、別名「虎臥城（とらふすじょう、こがじょう）」とも呼ばれる。天守部分を軸として三方に放射状に

（上）朝霧漂う竹田城（立雲峡展望台から）
（右）竹田城内を歩く
（左）城内は歩きやすく整備されている

落ち着いた風情の竹田の町

曲輪《くるわ》が配置されており、その姿は堂々たる風格の中にも、しなやかな優美さを兼ね備えている。東西約１００ｍ、南北約４００ｍにも及び、「石垣遺構」としては全国屈指の規模を誇る。

朝来市には、全国屈指の鉱山跡が残る町、生野《いくの》もある。佐渡金山、石見《いわみ》銀山とともに徳川幕府の財政を支えた鉱山跡も、併せて訪れたいものだ。

＊鉱山跡、資料館の開館状況などについては、最寄りの施設に要確認

最寄りの施設

生野銀山鉱山資料館
☎079-679-2010
生野銀山は、竹田城と同じく、朝来市内の生野町にある。竹田城主、太田垣氏が七代にわたり守り続けたといわれ、竹田城と歴史的に深いつながりをもつ。生野銀山は江戸時代には、佐渡金山、石見銀山とともに天領として幕府財政を支えてきた鉱山である。当時の坑道の中に入ることも可能で、往時の鉱山技術や採掘の様子などを知ることができる。

問い合わせ先 朝来市役所 産業振興部 観光交流課 ☎079-672-4003

那智の滝

神話伝承の郷

比婆山《ひばやま》信仰の結界・熊野神社《くまのじんじゃ》 30

国生みの女神・イザナミが眠る山へのゲートウェイ

広島県

庄原市

コースデータ

見学時間（目安）：**1〜2時間**
楽しめる期間：**通年**
お勧めの季節：**冬の降雪時期**
歩行距離：**2〜3km**
標高：**723m（弥山）**
標高差：**180m（那智の滝まで）**

温泉データ

かんぽの郷 庄原
泉質：**単純温泉**
住所：**広島県庄原市新庄町281-1**
☎**0824-73-1800**

アクセス 中国道庄原ICから県道254号線と国道183号線を経て、車で約50分。

コースの特徴

昨今、日本の神話時代への関心を示す諸外国のツーリストから、熱い視線を受けている広島県の中山間地域・庄原市。この庄原市の北辺は奥出雲地域に接しており、古来『古事記』や『出雲風土記』などとの関連性も濃いゾーンであった。

その中心的存在が「比婆山」である。日本の国生み女神であるイザナミの墳墓比定地の1つである、庄原市の北部にある比婆山へは、西日本の各地から参詣登山者が絶えなかったという。そして、その参詣登山の入り口（結界）の1つが、熊野神社だ。

この神社へは車でのアプローチが可能なので、できれば降雪期に訪れてほしい。境内には、広島県指定天然記念物である樹高約32m、幹回り約8・1m、推定樹齢300年以上の巨大な老杉をはじめ、杉の巨樹群が林立している。特に、降雪期には、その巨樹群から延びた数多くの枝

（上）熊野神社境内
（右）夏の境内（老杉）
（左）春の神社鳥居

拝殿への石段

や根の上が白い綿帽子を被る。そして、社殿の屋根や石段も、その白雪によって引き締まった表情を見せるのだ。

　訪れる人はほとんどなく、自分の足音だけが鼓膜を揺さぶるのである。そして神話時代に思いを馳せてみると、張りつめた空気の中に、どこか包まれるようなほのかな温かさを感じることだろう。

最寄りの施設

食彩館しょうばらゆめさくら
☎0824-75-4411
庄原市の観光情報などを集約している情報ステーションであり、地元で収穫された新鮮な野菜などの食材も購入できる。庄原市観光協会の事務所も同じ場所にあり、熊野神社のみならず、周辺情報の入手にも便利である。知識と経験の豊富なスタッフが多数おり、的確で適切なアドバイスを受けることができる。

道・街道の面影

銀《ぎん》山《ざん》街《かい》道《どう》（石見《いわみ》からの道）

山陰から山陽へと運ばれた銀の道

31

島根県

大田市・邑智郡美郷町

大江高山火山群を遠望する

森の小径への入り口

コースデータ

見学時間（目安）：**1〜2時間**
楽しめる期間：**通年**
お勧めの季節：**10月下旬**
歩行距離：**1〜2㎞**
標高：**110m（大森地区）**
標高差：**ほとんど無し**

温泉データ

温泉津《ゆのつ》温泉
泉質：**含土類食塩泉**
所在地：**島根県大田市温泉津町温泉津**
☎0855-65-2052

アクセス　中国自動車道・三次ICから国道54号、県道166号を経て、車で約45分（美郷町へ）

コースの特徴

世界遺産登録時にはまるでカオスのような賑わいであったが、最近は再び落ち着いた時間と空間が味わえるようになった石見銀山・大森地区。この大森地区の坑道で採掘された銀は、開発初期16世紀頃には、日本海経由にて博多方面へ運ばれていた。その後、大阪や京都への需要が増加し、山陽経由のための陸路運び出し街道が整備されていく。

山陽の積出港は、岡山県の笠岡と広島県の尾道である。石見銀山とこの2つの山陽側港町を結んだのが、今もなお残る「銀山街道」である。記録によると、1つの輸送団の構成は、人夫400人前後、馬300頭前後の大規模なものであったらしい。輸送団は、初日は石見銀山から現在の島根県美郷町（九日市）辺りまで移動。2日目は三次《みよし》（広島県）、3日目は甲山《こうざん》（広島県）まで移動し、4日目に尾道の港へと到達している。

（上）米とぎ橋
（右）石見銀山坑道入り口
（左）石見銀山・大森の町並み

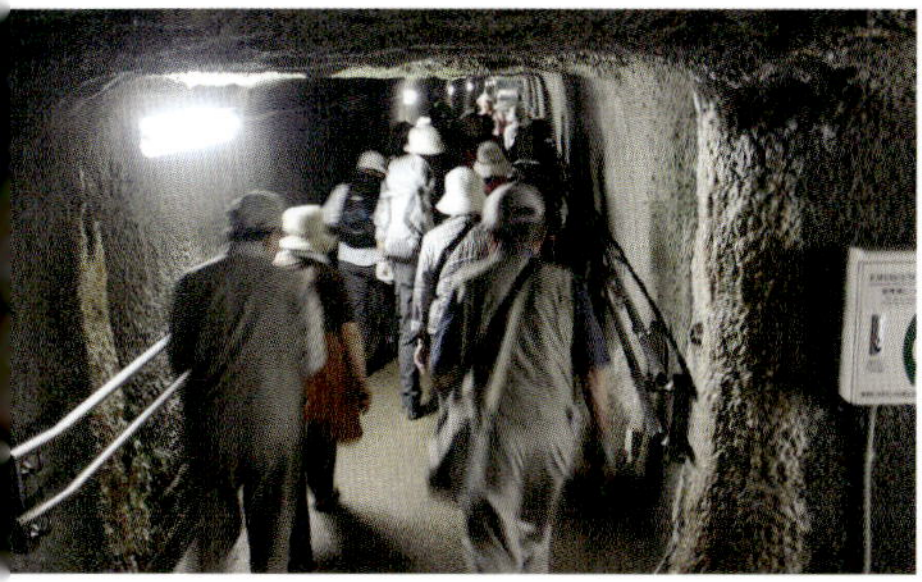

石見銀山坑道内部

その往時の街道筋の面影を、美郷町内の各所に辿《たど》ることができる。美郷町内では、銀山街道を観光資源とする町おこしも盛んであり、街道歩きの詳細なイラストマップなども作成されている。

２０１８年には、美郷町内の銀山街道「やなしお道」と「森原古道」が、文化庁の国史跡指定を受けている。

最寄りの施設

石見銀山資料館
☎0854-89-0846（大田市大森町地区）
まずレトロな建物に驚くだろう。明治35(1902)年に建てられた邇摩（にま）郡役所を資料館として再活用している。また、江戸時代には石見銀山の代官所が建っていた場所でもあり、梅、桜、つつじと四季折々の風情が楽しめ、枯山水の庭も一見の価値がある。建物内では銀山の歴史、文化財についての資料などが展示されている。

問い合わせ先　美郷町銀山街道を護る会（美郷町役場定住推進課内）　☎0855-75-1212

神話伝承の郷

黄泉比良坂《よもつひらさか》・揖夜神社《いやじんじゃ》

黄泉（死者の世界）と現世（生者の世界）を結ぶ通路

32

島根県

松江市

イザナギが黄泉国入り口を塞いだという説がある巨岩

注連縄（黄泉比良坂）

コースデータ

見学時間（目安）：**1時間**
楽しめる期間：**通年**
お勧めの季節：**揖夜神社穂掛祭（8月下旬）**
歩行距離：**1km未満**
標高：**20m**
標高差：**ほとんど無し**

温泉データ

さぎの湯温泉 安来苑
泉質：**放射能泉**
所在地：**島根県安来市古川町478**
☎0854-28-6262

アクセス 山陰自動車道・東出雲ICから県道191号を経て、車で約10分（黄泉比良坂駐車場へ）

コースの特徴

日本の国生み神話には、イザナギ（伊邪那岐命）とイザナミ（伊邪那美命）が夫婦の神として登場する。夫であるイザナギが、先立った妻を慕って黄泉国（死後の世界）を訪ねていく際、その黄泉国の入口とされているのが黄泉比良坂だと伝えられてきた。古事記では、この地を出雲国の伊賦夜坂《いふやざか》であると記している。

黄泉国から逃げ帰ったイザナギは、黄泉比良坂に巨大な石を置いて黄泉国への道を塞いだとも伝えられている。また、この坂は「オオクニヌシの根の国訪問の話」にも登場する。根の国に住むスサノオからの試練をかいくぐり、愛するスセリビメと手を取り合って黄泉比良坂まで逃げ切るという物語である。

これらの神話に登場するように、黄泉比良坂とは「黄泉（死者の世界）」と「現世（生者の世界）」を結ぶ通路なのである。日本各地に黄泉比良坂の比定地があるが、

（上）黄泉比良坂（伊賦夜坂）入り口
（右）揖夜神社本殿
（左）揖夜神社・随神門

ここ揖夜には「神蹟黄泉比良坂伊賦夜坂伝説地」と刻まれた石碑が建っており、その隣にはイザナギが通路を塞ぐために用いたとされる巨岩もある。ただ、「伊賦夜坂へ」と表示された表札の先をしばらく進むと、黄泉国ではなく住宅街に出るのはご愛敬というものか……。

揖夜神社の御神木

最寄りの施設

揖夜神社
☎0852-52-6888
「黄泉比良坂」は、「出雲国の伊賦夜坂」ともいわれている。東出雲町揖屋にある揖夜神社は、出雲風土記には「伊布夜社（いふやのやしろ）」とも記されており、黄泉比良坂は現在の揖夜神社あたりを指しているとの説もある。境内は一種独特の雰囲気があり、荒神社などはアニミズムとの関連性もうかがえる。8月下旬の一ツ石神幸祭と穂掛祭の開催に合わせて訪れたい。

問い合わせ先 松江観光協会 東出雲町支部 ☎0852-52-2428

（上・下）長府毛利邸

物語のある土地

城下町長府《ちょうふ》の町並み 33

回天義挙《かいてんぎきょ》・高杉晋作決起の町

山口県

下関市

コースデータ

見学時間（目安）：**1〜2時間**
楽しめる期間：**通年**
お勧めの季節：**紅葉時期（11月下旬）**
歩行距離：**2〜3㎞**
標高：**30m（功山寺）**
標高差：**15m（登り坂）**

温泉データ

王司《おうじ》温泉
泉質：**単純弱放射能温泉**
所在地：**山口県下関市員光町3-4-17**
☎**083-248-1315**

アクセス 中国自動車道・下関ICから国道2号を経て、車で約15分

コースの特徴

２０１８年は明治維新後１５０年の節目であった。維新とは、平安時代後期から始まり２６０年間に及ぶ江戸時代を含めた、７００年以上にわたる「武士の世」の終息を意味している。

その終息への引き鉄《がね》となった事件の１つが、この長府の町で起きた。「奇兵隊」の創設者として有名な高杉晋作による、「功山寺《こうざんじ》挙兵（回転義挙）」である。三条《さんじょう》実美《さねとみ》の前で述べた決起の文言「是よりは長州男児の腕前お目に懸け申すべく」は、後世にも語り継がれている。

当時、血気盛んな若者が集った功山寺は、現在は紅葉の名所として風雅な趣を醸《かも》し出している。その風雅な趣は、長府毛利邸にも類似したものを感じる。

毛利邸の東隣辺りには、城下町の面影が残る小路や路地、小径が網の目のように張り巡らされており、その中でも古江《ふるえ》小路《しょうじ》の土塀群からは、重厚な歴史の重み

（上）古江小路
（右）功山寺山門
（左）功山寺境内

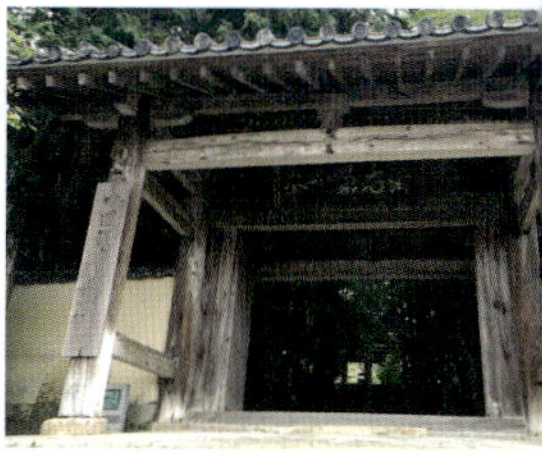

乃木神社

が伝わってくる。また、城下町の一角には乃木《のぎ》神社があり、幼少期をこの町で過ごした、乃木《のぎ》希典《まれすけ》将軍を祀《まつ》っている。

城下町巡りは、まず功山寺から始め、長府博物館、毛利邸、古江小路、乃木神社へと進み、最後は長門国・二の宮である忌宮（いみのみや）神社というコースがお勧めである。

最寄りの施設

長府毛利邸

☎083-245-8090

長府毛利家第 14 代藩主、毛利元敏により、明治 36 年に建てられた邸宅。長府の町中に隣接する少し小高い場所にあり、その豪壮な門構えを見上げながらのアプローチ道となっている。邸内は、武家屋敷造りの重厚な母屋と白壁に囲まれた日本庭園となっており、落ち着いた風情を感じさせる。池泉回遊式庭園には、石灯篭、楓、池などがあって静かな佇まいを見せており、思わず足を止めたくなる。

問い合わせ先 長府観光協会　☎ 083-241-0595

宗像《むなかた》大島《おおしま》・オルレコース 34

神宿る島にて、古代の海の道を偲《しの》ぶ

福岡県

宗像市

沖津宮遥拝所

宗像大社

コースデータ

見学時間（目安）：**3〜4時間**
楽しめる期間：**通年**
お勧めの季節：**みあれ祭（10月1〜3日）宗像大社**
歩行距離：**約11km（オルレコース）**
標高：**214m（御嶽）**
標高差：**約200m**

温泉データ

天然温泉 やまつばさ
泉質：**アルカリ性単純温泉**
所在地：**福岡県宗像市王丸474**
☎0940-37-4126

アクセス　宗像大島への渡船は、大島渡船（☎0940-72-2535）が、神湊と大島を毎日計7便就航

コースの特徴

アマテラスとスサノオとの宇気比《うけひ》（誓約）のもとに誕生したとされる宗像三女神。この三女神を祭神とするのは、広島の嚴島神社ほか、京都の石清水八幡宮など全国に存在している。

ここ宗像においては、玄界灘に並ぶように配列した2つの島と本土の宮にそれぞれ三女伸が鎮座されている。一般人に入島が禁じられている沖ノ島（沖津宮《おきつぐう》）には「田心姫神（タゴリヒメノカミ）」、今回紹介する宗像大島（中津宮《なかつぐう》）には「湍津姫神（タギツヒメノカミ）」、そして本土にある宗像大社（辺津宮《へつぐう》）には「市杵島姫神（イチキシマヒメノカミ）」。

これら三女神は、道主貴《みちぬしのむち》とも呼ばれ、「道」の最高神として、また旅や航海の安全を祈願する神様として、古くから崇拝されてきた。荒れやすい玄界灘を渡海する海人や遣隋使・遣唐使の船団にとっても、沖ノ島や宗像大島は、位置の確認上

（上）風車展望所と砲台跡
（右）新原・奴山古墳群（ここも世界遺産）
（左）御岳山への登り坂

夢の小夜島

大切なポイントであったはず。

　宗像大島には「九州オルレ」と呼ばれる、簡易トレッキングルートも設置されている。このオルレコースの道順に沿って島内の見どころを歩いて巡ることをお勧めする。

　総距離11㎞の行程は、丘あり、谷あり、草原ありと変化に富んだ「島の野辺歩き」だ。その野辺を歩く途上に、史跡が点在するのである。

最寄りの施設

宗像大社 神宝館
☎0940-62-1311
展示されている宝物・文物の中には、朝鮮半島だけでなく、大陸やシルクロードとの交流をうかがわせるものもある。特に、３世紀頃のものとされる「三角縁神獣鏡（国宝）」や、５世紀のものとされる「金製指輪（国宝）」などは必見だ。そのほかにも、馬具、武器、貝製品などがある。

古墳には自由に登れる

王塚装飾古墳館

古代への通路

王《おう》塚《づか》古《こ》墳《ふん》 35

国内最多の五色で描かれた装飾古墳

福岡県

嘉穂郡桂川町

コースデータ

見学時間（目安）：**1時間**
楽しめる期間：**通年**
お勧めの季節：**4月・10月の一般公開日**
歩行距離：**1㎞未満**
標高：**35m**
標高差：**ほとんど無し**

温泉データ

伊川温泉 こうの湯温泉
泉質：**ラジウム温泉**
所在地：**福岡県飯塚市伊川82-33**
☎0948-28-4126

アクセス

九州自動車道・福岡ICから国道201号、県道60号を経て、車で約45分

コースの特徴

6〜7世紀頃に築造された古墳内部の色彩画では、奈良県明日香村にある、高松塚古墳やキトラ古墳が有名である。その壁画は、西壁女子群像や四神の青龍・白虎・朱雀・玄武など、具象性のあるものだ。しかし、同じ時代の九州各地の古墳では、まるで現代のポップアートのようなデザインが石棺の壁画として描かれていた。

　その代表格が今回紹介する、王塚古墳である。赤・黄・緑・黒・白の五色で、三角文、わらび手文、双脚輪状文と呼ばれる幾何学的な文様が壁の多くに描かれている。馬や盾、星のような具象的なものもあるが、その周囲は渦巻文様や波形文様などで彩られている。

　薄暗い石棺の中に描かれた各種文様とその色彩美からは、「和心（わごころ）」とはほど遠い美意識を感じざるを得ない。古代九州に住んでいた人々の、死に対す

（上）再現された装飾壁画
（右）古墳横にある説明版
（左）馬具展示

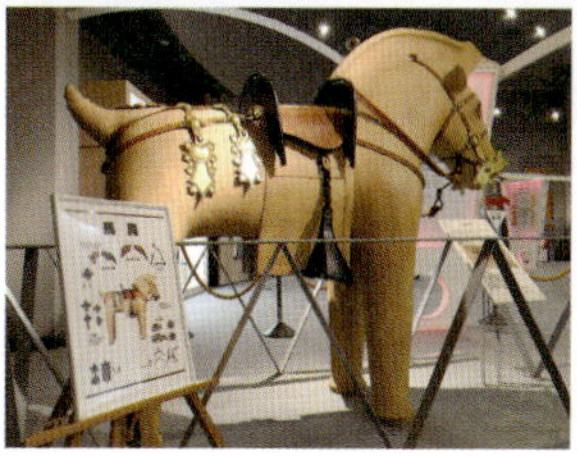

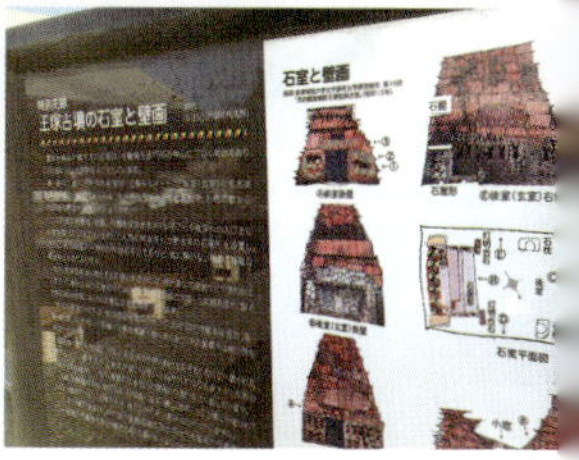

再現された動物の壁画

る色彩感覚へも思いを巡らす機会となるだろう。
　この古墳への訪問は、できるかぎり年に2回（4月・10月）ある一般公開日に設定したい。普段入ることのできない、古墳内部で装飾壁画の説明を受けることができる。
　また、古墳の周囲は長閑《のどか》な田園風景が展開しており、古墳見学と併せて、近くの野辺を散策してみたいものである。

最寄りの施設

王塚装飾古墳館
☎0948-65-2900
王塚古墳に隣接する場所にある。古墳の一般公開日以外でも、館内に展示されている実物大の「石室の壁画」を見れば、その彩色美の世界を堪能できることだろう。ほかにも古墳が造られた6世紀の集落や暮らしの様子をジオラマで学ことができる。

問い合わせ先 桂川町産業振興課 ☎0948-65-1106

物語のある土地

香春神社《かわらじんじゃ》 36

炭坑節に登場する山を背後に控える謎多き社《やしろ》

福岡県

田川郡香春町

卑弥呼の墓という説がある丘陵地

香春神社・社殿

コースデータ

見学時間（目安）：**1時間**
楽しめる期間：**通年**
お勧めの季節：**桜開花時（4月初旬）**
歩行距離：**1㎞未満**
標高：**67m（神社）**
標高差：**35m（登り階段）**

温泉データ

ほうじょう温泉 ふじ湯の里
泉質：**弱アルカリ性**
所在地：**福岡県田川郡福智町弁城上の原1300-1**
☎0947-22-6667

アクセス 九州自動車道・小倉南ICから国道322号を経て、車で約1時間

コースの特徴

神社の背後に控えている山、香春岳《かわらだけ》は炭坑節で名高い。筑豊の炭坑エリアが見下ろせる高さ（509m）を持つこの山は、奈良時代には銅の採掘場としてその名を知られていた。また、古代から近代にかけて、このエリアは地下資源の宝庫だった。

あるとき、見えない地下の資源を嗅ぎ取る能力と採掘技術をもった集団がこの地にやってきた。その集団こそ、朝鮮半島からの渡来人・秦《はた》氏一族だといわれている。秦氏に関しては、「京都太秦界隈」の項でも述べているが、聖徳太子の財政的なバックボーンでもあった。それは、養蚕や鉱山採掘の技術に長けていたことが背景にあるともいわれている。

神社の御祭神は「辛国息長大姫大目命《からくにおきながおおひめおおめのみこと》」。息長大姫大目命とは、新羅の皇子、天之日矛の妻となった阿加流比売神《あかるひめのかみ》との説もあり、ここでも朝鮮半島との濃密な関連

（上）桜の名所でもある香春神社
（右）香春神社境内
（左）由緒書表示

境内にある山王石

性を暗示しているかのようだ。

香春神社のある田川郡には、地元では名高い謎の古代史スポットがもう1つある。平成筑豊田川線・内田駅近くにある、全長約４５０ｍの鍵穴型丘陵だ。地元の古代史研究家らの調査では、「卑弥呼の墓」ではないかとの説も飛び交っていると聞く。確かに、上空からの写真では、巨大な前方後円墳様にも見えるから不思議である。

最寄りの施設

田川市石炭・歴史博物館
☎0947-44-5745
筑豊地域で最大の規模を誇った三井田川鉱業所伊田竪坑の跡地に所在している。ユニークなのは、石炭や炭鉱に関する資料のほかに、地域の寺院跡地から出土した日本一華麗な文様とされる新羅系瓦や、古墳時代の武器・馬具、さらには日本最古級の馬形埴輪などの展示もあることだ。

古代への通路

吉《よし》野《の》ヶ《が》里《り》遺《い》跡《せき》 37

弥生人の声が聞こえる遺跡

佐賀県

神埼郡吉野ヶ里町

堅牢な城柵

古代は、すぐそばまで海だった

コースデータ

見学時間（目安）：**1～2時間**
楽しめる期間：**通年**
お勧めの季節：**新緑(5月)・紅葉(11月)**
歩行距離：**1～2㎞**
標高：**20m前後**
標高差：**ほとんど無し**

温泉データ

吉野ヶ里温泉卑弥呼乃湯
泉質：**単純弱放射線泉**
所在地：**佐賀県三養基郡上峰町坊所1523–1**
☎0120-135-873

アクセス 長崎自動車道・東脊振ICから県道385号を経て、車で約1時間

コースの特徴

吉野ヶ里歴史公園の基本コンセプトは、「弥生人の声が聞こえる」である。遥かなる古代からの声を聞くには、まず復元された南内郭の物見櫓《ものみやぐら》に上ることから始めたい。

ビルの4階に相当する、高さ12mからの眺望は圧巻である。眼下の環濠跡や水田、また墳丘墓などに目を奪われがちになるが、視野をもっと大きく広げてみてほしい。北方向に目をやると、そこには福岡県との境にある背振山地《せぶりさんち》が、自然の障壁となって立ちはだかっている。南に目を転じると、遥か彼方に有明海の姿が遠望できる。

太古の昔、縄文時代前期頃には、有明海の海岸線は遺跡からわずか2～3㎞の距離にあったと推定されている。弥生時代にも、有明海は身近な存在であったはずだろう。物見櫓に立つと、この土地がいかに自然の恵みを享受していたかが納

(上) 望楼からの西方角展望
(右) 復元された環濠
(左) 古代の復元空間

吉野ヶ里遺跡入り口

得できるのである。

吉野ヶ里に住んでいた弥生人たちは、恵みをもたらす自然のサイクルを見極めながら、祈りや祭儀などを行っていたにちがいない。物見櫓に吹く風は、そんな弥生人の心の声を運んでくれるかもしれない。

最寄りの施設

吉野ヶ里歴史公園
☎0952-55-9333
貴重な出土資料や情報から、当時の姿をできるだけ忠実に復元した遺跡公園である。日本の古代の歴史を解き明かす上でも極めて重要だ。住居、高床式倉庫、物見櫓をはじめ、王の家、集会の館など、当時を彷彿させる建物群が鮮やかに蘇っている。敷地内には、古代植物館などもあり、家族連れでも楽しめる。

物語のある土地

名《な》護《ご》屋《や》城《じょう》跡《せき》 ㊳

天下人・秀吉の果てなき夢の残り香を求めて

佐賀県

唐津市

城内を歩く

城内・西側部分

コースデータ

見学時間（目安）：**3〜4時間**
楽しめる期間：**通年**
お勧めの季節：**桜開花時（4月初旬）**
歩行距離：**11㎞前後（オルレコース）**
標高：**88m（天守台）**
標高差：**40m前後**

入浴施設

観光ホテル 大望閣
内湯と露天風呂あり
所在地：**佐賀県唐津市鎮西町名護屋1399**
☎0955-82-1711

アクセス 長崎自動車道・多久ICから国道203号・204号を経て、車で約1時間

コースの特徴

名護屋城跡の天守台からは、壱岐《いき》水道に浮かぶ島々が遠望できる。その島々の先には朝鮮半島、そして中国大陸がある。天下人となった豊臣秀吉は、常人には考えもつかない「大明帝国の征服」という、途方もなく壮大な夢を抱く。そしてそれは、夢で終わることなく実行に移されるのである。

朝鮮半島を舞台にした「文禄・慶長の役」という国際戦争は、16世紀における世界最大規模の戦争だった。そのスケールは、ここ名護屋城跡と、その周縁に残る当時の西国大名らが築いた城郭群からもうかがい知ることができる。

現在、この一帯を歩くルート「九州オルレ唐津コース」が整備されている。道の駅、桃山天下市《ももやまてんかいち》をスタートし、前田利家、吉田織部、堀秀治ら諸大名の陣跡を巡りながら、国の特別史跡となっている肥前名護屋城跡へと歩く。その後、狩野派の絵

（上）玄界灘を遠望できる天守部分
（右）堅牢な城壁
（左）城内より朝鮮半島方面を見る

城内でも最も高い場所にある展望所

師、狩野光信が手掛けた「肥前名護屋城図屏風」に描かれている集落・麦原集落の長閑《のどか》な田舎道や、溶岩でできた柱状節《ちゅうじょうせつ》理《り》が見られる波戸岬《はどみさき》遊歩道へ。そして、「日本の渚百選」に選ばれている、夕陽が美しい波戸崎《はどざき》海水浴場まで、全行程約11㎞の道のりである。

時間的、体力的に困難な場合には、オルレコースの各スポットを車で巡ることをお勧めする。

最寄りの施設

佐賀県立名護屋城博物館
☎0955-82-4905
秀吉の朝鮮出兵（文禄・慶長の役）の資料のみならず、朝鮮半島と日本との交流史という視点からの常設展示を行っている。所属する学芸員による毎月1回の「なごや歴史講座」では、名護屋城のことだけでなく、唐津や朝鮮半島の歴史などについての話も聞ける。

格調ある文言
（西都原考古博物館）

西都原考古博物館入り口

古代への通路

西都原《さいとばる》遺跡群《いせきぐん》・博物館 39

日向《ひゅうが》三代の初代、ニニギノミコトの陵墓参考地

宮崎県

西都市

コースデータ

見学時間（目安）：**1〜2時間**
楽しめる期間：**通年**
お勧めの季節：**コスモス開花（11月）**
歩行距離：**1〜2㎞**
標高：**65m**
標高差：**ほとんど無し**

温泉データ

さいと温泉
泉質：**炭酸水素塩温泉**
所在地：**宮崎県西都市大字調殿1355-1**
☎0983-43-1000

アクセス　東九州自動車道・西都ICから車で約10分

コースの特徴

広大なコスモス畑（11月）や悠久の歴史を感じる古墳群も素晴らしい。しかし、それ以上に訪れる人の気持ちを昂《たかぶ》らせてくれるのが、考古博物館内の展示物に添えられる「詩文調説明文」なのである。

古墳群の中にある「考古博物館」は、一般的な出土品の展示のみという博物館イメージを完全に打破している。卓越した展示の基本コンセプトは、入り口の「導入スロープ」からすでに感じ取れる。まるで異空間へ向かっていくような構造と照明が施されているのだ。

展示ゾーンに入ると、大地の鳴動のような音響効果が、ほどよく抑制されて流れている。そして、展示物の傍《かたわ》らにある説明版には、思わず立ち止まって読み込んでしまう。詩文のようなその語調は、宮沢賢治の世界観を思わせる。詩文を読んだ後に展示物を見ていると、動かない展示物から息遣いの気配すら漂ってくる

（上）コスモス畑と古墳群
（右）男狭穂塚古墳
（左）広大な草原の中にある古墳群

工夫の効いた展示（西都原考古博物館）

ようにも感じられる。

これらの「詩文調説明文」、また館内展示のコンセプトは、全て博物館職員の手によるものらしい。古墳群の見学前後には必ず訪れてほしい施設である。

古墳群は公園地化された広大な敷地の中に点在しているので、季節の花々などを見ながら、ゆっくりと散策、見学してほしい。

最寄りの施設

宮崎県立西都原考古博物館
☎0983-41-0041
館内の展示もさることながら、屋外施設、古代生活体験館では、さまざまな体験プログラムが用意されている。メイン棟の３階部分には展望ラウンジがあり、壮大な遺跡群とともに背後の豊かな自然環境を、お茶を味わいながら存分に楽しむことができる。

穿戸岩

260段以上の
階段状登り坂

マジカルパワー

上色見熊野座神社《かみしきみくまのいますじんじゃ》 40

100基近くの石灯籠が異世界へと誘う

熊本県

阿蘇郡高森町

コースデータ

見学時間（目安）：**1〜2時間**
楽しめる期間：**通年**
お勧めの季節：**霧の出やすい冷え込んだ早朝**
歩行距離：**約1㎞**
標高：**744m（神社）**
標高差：**約60m（登り坂の石段）**

温泉データ

高森温泉館
泉質：**単純温泉**
所在地：**熊本県阿蘇郡高森町上色見2803**
☎0967-62-2626

アクセス　九州自動車道・熊本ICから県道145号、国道325号を経て、車で約1時間

コースの特徴

近年にわかに脚光を浴び始めた、阿蘇山東側の森に位置するパワースポットである。そのきっかけをつくったのは、２０１１年制作のアニメ映画『蛍火《ほたるび》の杜《やしろ》へ』。

主人公の少女・蛍が、妖怪たちが住むといわれる「山神の森」で迷子になってしまう。その「山神の森」の舞台設定として、この神社の参道や社叢《しゃそう》の森が描かれたため、アニメ愛好者らの「聖地巡礼」の場となった。確かに、苔むす参道の両サイドには、１００基近くの石灯籠が並び、まるで異空間への通路のようだ。注目を浴びるまでは、地元の人からの信仰の場として、ひっそりと長い時を刻んできたことがわかる。

３００ｍの石段になった登り坂の先では、簡素な神殿が出迎えてくれる。そして、その神殿脇からさらに伸びる坂の先には、穿戸岩《うげといわ》が望める。縦横１０ｍ以上もの風穴

（上）早朝の参道石段
（右）穿戸岩から見下ろす神殿
（左）無人の小さな神殿

神社入り口鳥居と根子岳

が開いた巨岩は、阿蘇大明神に追われた鬼八法師が蹴破ったと伝えられている。その荘厳で威厳ある佇《たたず》まいは、往古の人々が畏怖の念を抱き、信仰の対象にしたのが頷ける景観である。

また、神社の御神木「なぎ」は「凪」に繋がり、昔から男女間の波風を鎮めることから、嫁ぐ娘に母親が持たせたそうである。

最寄りの施設

高森湧水《ゆうすい》トンネル公園
☎0967-62-3331
清澄な阿蘇山麓からの伏流水が、トンネル内を潤沢に流れていき、夏の避暑にはもってこいの場所である。1975年旧国鉄高森線と高千穂線を結ぶ工事のさなか、突如トンネルから大量の出水があり、そのトンネル敷設は中断、後に公園となった。トンネルの長さは2055m、毎分32トンの湧水量がある。

問い合わせ先 高森町政策推進課 商工観光係 ☎0967-62-1111

癒し場

column

エーゲ海クルーズ
(神話伝承の海)

エーゲ海クルーズ（ギリシャ）

エーゲ海の魅力は、夕暮れ時にクライマックスを迎えるといっても過言ではない。特にギリシャの沿岸部には小さな島々が点在し、その斜面には白壁の小さな家々が建ち並ぶ。その島々を巡るクルーズ船の上から眺めるサンセットタイムは、必ずや至福のひとときとなることだろう。

南極海
(地球最南端の海)

キングジョージ島のペンギン営巣地

南極は大陸であり、その周縁の海にはさまざまな生き物が生息している。とりわけペンギンは、厳しい自然条件下の中でも、その愛くるしい動作で我々人間を癒してくれる存在だ。ただ繁殖のための営巣地では、大量のフンによる悪臭に少々悩まされることになるが…。

海辺の

地球の癒し場 海辺編

北極点
（圧倒的な無の世界）

北極点

　地球のてっぺん・北極点は陸地ではない。北極点周囲では、平均２～３ｍの厚さがある氷床群が海の上に浮かんでおり、それらの氷床群は、音を立てずにゆっくりと動いている。それは、遥か昔からの静寂さを伴うゆらぎであった。そこには「圧倒的な無の世界」が展開しているのだ。

ドブロブニク
（物語のある場所）

ドブロブニク（クロアチア）

　アドリア海の真珠と称されるドブロブニクは、地中海、アドリア海などでの海洋貿易によって栄えた城塞都市である。その海沿いに展開する美しい旧市街の町並みは、1979 年に世界遺産に登録された。現在は、世界各地からのクルーズ船なども立ち寄り、多くの人がその魅力の虜となっている。

古代への通路

能《の》登《と》半《はん》島《とう》・真《ま》脇《わき》遺《い》跡《せき》

奥能登の縄文遺跡が語る海辺の古代史

41

石川県

鳳珠郡能登町

真脇遺跡を見下ろす丘からの眺望

土製仮面の巨大復元像

コースデータ

見学時間（目安）：**1〜2時間**
楽しめる期間：**通年**
お勧めの季節：**冬の冷え込んだ日出時（12〜2月）**
歩行距離：**1㎞未満**
標高：**10m**
標高差：**ほとんど無し**

温泉データ

元気の湯
泉質：**ナトリウム塩化物泉**
所在地：**石川県珠洲市蛸島町鉢ケ崎36-4**
☎0768-82-5526

アクセス　能越自動車道・のと里山空港ICから国道8号を経て、車で約40分

コースの特徴

無理をしてでも日の出前もしくは月夜の夜に、環状木柱列の傍《かたわ》らに立ってみてほしい。東の空から次第に昇ってくる太陽の斜光を受けた10本の巨大な環状木柱列が、それぞれの影を草地に伸ばしていく。そして太陽の運行リズムに合わせて、どこまでも緩やかに離合を繰り返しながら回旋していくのである。

その光と影の織りなす至福のひとときは、かつてこの地に住んでいた縄文人たちの魂と、現代の私たちとを結ぶ通路が開かれた時間ではないだろうか。彼らの声なきメッセージが回旋する木柱列の影に潜んでいるようにも思えてくる。

月夜の夜には、月光による影に幻惑させられることだろう。草地にクリの大木で構成された木柱列は、これまでの発掘調査によって少なくとも6回の立て替えが認められており、何らかの「聖なる場所」であったと推測される。

（上）輪の中に入る朝陽
（右）巨大な日時計にも思える
（左）朝露に濡れる木柱列

揺らぐ木柱の影

ここ真脇遺跡は、三方を丘陵に囲まれた小さな入り江の奥にある沖積平野に立地。海辺に近接している遺跡からは、大量のイルカの骨も出土している。

漁労採集という生活スタイルを持っていたと想像される、能登半島突端部にある縄文人の遺構。海に隣接するその場に佇《たたず》むと、縄文時代の日本海交流ネットワークへと思いが広がっていくことだろう。

最寄りの施設

真脇遺跡縄文館
☎0768-62-4800
真脇遺跡公園にある展示施設。遺跡のシンボルでもある環状木柱列の巨大柱根や、縄文時代に使われていたお魚土器と呼ばれる真脇式土器、おびただしい量が出土したイルカの骨、土製の仮面など、多彩な出土品約 300 点あまりが展示されている。野外の復元遺構と併せての見学をお勧めする。

拝殿の天井画

大避神社神門前

物語のある土地

大避神社《おおさけじんじゃ》・生島《いきしま》（坂越《さこし》）

42

原生林の島に能楽の始祖の面影を追う

兵庫県

赤穂市

コースデータ

見学時間（目安）：**1〜2時間**
楽しめる期間：**通年**
お勧めの季節：**坂越の船祭り（10月）**
歩行距離：**1㎞未満**
標高：**40m（端島内最高地点）**
標高差：**ほとんど無し**

温泉データ

潮彩きらら 赤穂温泉 祥吉
泉質：**塩化物強塩低温泉**
所在地：**兵庫県赤穂市御崎2-8**
☎0791-43-7600

アクセス 山陽自動車道・赤穂ICから国道250号、県道32号を経て、車で約20分

コースの特徴

この場所については、野辺の癒し場で紹介した「京都太秦界隈」とともに読んでいただきたい。

汐待ちや風待ちのできる、天然の良港である坂越浦に浮かぶ小さな原生林の島、「生島」。この島には、人を寄せつけない異界の空気が漂っている。それは、対岸にある大避神社の神域として、古くから人の立入りが禁じられ、その結果原始の森が保存されてきたことに由来する。

ひょうたん型の島の森には、「能楽の始祖」といわれる秦河勝《はたのかわかつ》の墓所がある。聖徳太子の主要ブレーンとして活躍した秦河勝は、太子没後に蘇我入鹿から迫害を受け、瀬戸内海の坂越へ居を移し、そこが終焉の地になったという。地名である「坂越」は、難を〝避け越した〟ことが「坂越」に変化したとの説もある。その河勝の霊を祀《まつ》ったのが島の対岸にある大避神社であり、河勝自身も祭神となっている。

（上）坂越浦と生島
（右）坂越の古い町並み
（左）生島の突端部

絵馬堂の絵馬

この神社では「12の数字のミステリー」が注目されている。まず拝殿への12段の階段、12本の石柱でできた境内の井戸、祭り（坂越の船祭り）は旧暦の9月12日であり、12隻の祭礼船が出る。これら「12」という数字の由来は、秦河勝が坂越の地に12人の供人《ともびと》を伴って来たことに由来すると伝えられている。

最寄りの施設

坂越まち並み館
☎0791-48-7770
奥藤家が所有していた、大正時代の奥藤銀行坂越支店を修復整備した建物。奥藤家は酒造業をはじめ、廻船業など手広く事業を展開していた。幕末から明治にかけて赤穂の塩を運ぶ拠点であった、坂越の町の歴史資料などが展示されているとともに、界隈散策の情報案内所としての機能も併せ持つ。

マジカルパワー

神倉《かみくら》神社《じんじゃ》・熊野《くまの》灘《なだ》 43

神武《じんむ》東征神話に登場する天ノ《あまの》磐盾《いわたて》信仰の地

和歌山県

新宮市

神社から太平洋を遠望

木漏れ日の登り坂

コースデータ

見学時間（目安）：**1〜2時間**
楽しめる期間：**通年**
お勧めの季節：**御燈（おとう）祭（2月初旬）**
歩行距離：**1km前後**
標高：**90m（神倉神社）**
標高差：**85m（急斜面538段の石段）**

温泉データ

熊野川温泉 さつき
泉質：**アルカリ性単純泉**
所在地：**和歌山県新宮市熊野川町日足707**
☎**0735-44-0193**

アクセス　紀勢自動車道・すなみ南ICから国道42号、那智勝浦道路を経て、車で約30分

コースの特徴

「この御燈祭ほど私を感激させた祭はない」。哲学者、故・梅原猛氏が神倉神社の御燈祭りに参加した後の感想である。想像してもらいたい。２月上旬の午後８時前後、１週間前から精進潔斎を続けた白装束の男たち約２０００人が、松明から落ちる火の粉に身を震わせながら、急角度５３８段の石段を一斉に駆け下ってくるのである。梅原氏をはじめ多くの著名人の心を揺さぶってきたことだろう。

荒々しさの中に躍動する生命力を感じさせるこの「御燈祭」は、熊野灘を望む神倉神社のゴトビキ岩が主たる舞台である。このゴトビキ岩は、熊野三山の神々が最初に御降臨されたといわれる御神体の巨大岩だ。

熊野《くまの》速玉《はやたま》大社の摂社であるこの神社は、標高１２０ｍの断崖絶壁の山、神倉山の山上にあるため、社殿への参詣道は急斜面に設けられた石段となっている。この

（上）御神体（ゴトビキ岩）
（右）最奥の核心部へ
（左）急角度の石段

538 段の石段入り口

傾斜角が半端ではない。登り始めの鳥居からは、首が痛くなるくらいの角度で上を見上げなければならない。そんな鋭角の上部から参詣者が降りてくるさまは、さながら神の降臨のごとく感じられる。この参詣の石段は、鎌倉時代、源頼朝による寄進と伝えられている。

急傾斜の道を登り切った者へのご褒美は、熊野灘（太平洋）の絶景だ。

最寄りの施設

花窟神社《はなのいわや》

所在地：**熊野市有馬町上地130**

熊野灘に接する海岸にある巨大な巌の窟である。この巌の窪みは、国生みの女神、伊弉冊尊（イザナミノミコト）が葬られた御陵との伝説が残されている。この神社では年 2 回の例大祭時に、長さ約 170 mの大綱を岩窟上 45 m程の高さの御神体から地上の松の御神木にわたす「御綱掛け神事」が行われ、多くの参拝者が訪れる。

問い合わせ先　新宮市観光協会　☎ 0735-22-2840

水際のひととき

瀬《せ》戸《と》内《ない》海《かい》の夕景・夜景

国立公園指定第1号の魅力を世界に伝える

44

広島県各地

広島市・呉市・
尾道市・福山市

浄土寺山（尾道市）

夕暮れの宮島航路
（広島湾）

コースデータ

見学時間（目安）：**1〜2時間**
楽しめる期間：**通年**
お勧めの季節：**四季それぞれ**
歩行距離：**ほとんど無し**
標高：**737m（灰ヶ峰）**
標高差：**ほとんど無し**

温泉データ

天然温泉 桂浜温泉館
泉質：**ナトリウムー塩化物温泉**
住所：**広島県呉市倉橋町431**
☎0823-53-2575

アクセス　広島呉道路・呉出口から県道174号線を経て、車で約40分

コースの特徴

今、〝ＳＥＴＯＵＣＨＩ〟が諸外国のトラベラー雑誌から注目を浴びている。特に、ナショナル・ジオグラフィック・トラベラー誌の「２０１９年行くべきデスティネーション」で〝ＳＥＴＯＵＣＨＩ〟が1位を獲得したことは、大きなニュースとなって世界の旅行業界にも衝撃を与えたという。しかしそれは、さほど驚くべきことではない。

〝ＳＥＴＯＵＣＨＩ（瀬戸内）〟は、日本人にとっても心の故郷の原風景として、しっかりと認められてきた。それは、１９３４年3月16日に、雲仙国立公園、霧島国立公園とともに日本で第1号の国立公園として、瀬戸内の風景も指定を受けたことからもわかる。それ以降、日本人は、瀬戸内海の風景を国の宝石としてきたのである。

その輝きは、特に夕刻から宵の口あたりの時間にピークを迎える。広島県沿岸

（上）灰ヶ峰からの呉港黄昏風景（呉市）
（右）恋ヶ浜（呉市）
（左）絵下山からの広島夜景（広島市）

仙酔島（福山市）

部には、その宝石の崇高なまでの輝きを鑑賞できるポイントがいくつも点在しているのだ。

特に、呉市の背後に聳《そび》える山・灰ヶ峰山頂部から眺める広島湾の黄昏時、また尾道市・浄土寺山からの尾道水道の日没時の情景、そして福山市・仙酔島《せんすいじま》の夕景などは、まるで空想の世界にある西方浄土のようにも感じられる。さらに、広島湾内を通う定期航路の船上から見る、月明かりと港の夜景とのハーモニーも見逃せない。

最寄りの施設

呉市海事歴史科学館
☎0823-25-3017
通称「大和ミュージアム」と呼ばれる、４階建ての大きな歴史科学館である。この館のシンボル的存在は、戦艦「大和」のミニチュア模型だ。ミニチュアといっても、全長 26.3m もあり、この大きさは実物の 10 分の 1 にあたる。また、現役時代の「大和」の写真展示やシアターでの映像も鑑賞できる。

 問い合わせ先 呉観光協会 ☎0823-21-8365

古代への通路

日御碕《ひのみさき》神社《じんじゃ》・猪目《いのめ》洞窟《どうくつ》 45

日本の夜を守る宮と、黄泉国への入り口

島根県

出雲市

猪目の洞窟入り口

日御碕神社を俯瞰する

コースデータ

見学時間（目安）：**1〜2時間**
楽しめる期間：**通年**
お勧めの季節：**御幸神事（夕日の祭り）8月初旬**
歩行距離：**1㎞未満**
標高：**30m（日御碕神社）**
標高差：**30m（海岸線から神社へ）**

温泉データ

出雲ひのみさきの宿ふじ
泉質：**ナトリウム・塩化物強塩泉**
所在地：**島根県出雲市大社町日御碕588-1**
☎0853-54-5522

アクセス　山陰自動車道・出雲ICから国道431号、県道29号を経て、車で約30分（日御碕神社）

コースの特徴

「日本の夜を守る宮」として知られる日御碕神社。その縁起は、天平7（735）年の乙亥の勅（天子の命令）、「伊勢大神宮は日の本の昼の守り、出雲の日御碕清江の浜に日沈宮を建て日の本の夜を守らん」とする記録に求められている。

すなわち、朝日が上がる伊勢神宮と、夕陽の沈む日御碕神社が太陽運行上において対となっているのだ。それは、この神社の主祭神は天照大御神であり、しかしその社殿は「日沈の宮（ひしずみのみや）」であることからも頷《うなず》ける。

また出雲地方では、出雲大社の「祖神（おやがみ）さま」として崇敬を集めている現在の社殿は、徳川三代将軍、家光の差配により幕府直轄工事として造営されたものだ。日光東照宮と同じ権現造様式で、朱色の豪壮なまでの景趣は見るものを圧倒する。

この神社から車で約30分の「猪目洞窟」

（上）朱色の楼門
（右）注連縄に圧倒される
（左）日沈宮（下の宮）拝殿

日御碕灯台

へも足を延ばしたい。小さな漁村のはずれに、夜（黄泉・死後）世界への入り口である穴が開いている。黄泉比良坂との伝説があるこの洞窟では、弥生時代から古墳時代にかけての人骨が10数体発見されてもいる。

　なお、洞窟の中に入ることは可能だが、昼なお暗い場所なので、足元には注意してほしい。

最寄りの施設

出雲日御碕灯台
☎0853-54-5341
日本一の高さ（43.65m）を誇る白く美しいこの灯台は、明治36（1903）年に設置されている。その光線は沖合約40kmまで届くといわれており、設置後100年を越えた現在でも、なお現役で海の安全を守っている。その歴史や文化的な価値の高さから、1998年に「世界の歴史的灯台百選」の1つにも選ばれている。また、海岸沿いには日御碕灯台まで遊歩道も設置されているので、ぜひ歩いてみたい。

かつては稲佐湾の沖にあったといわれる弁天島

神話伝承の郷

出雲《いずも》・稲佐《いなさ》の浜《はま》 46

国譲り神話の舞台・渚にて古代を想う

島根県

出雲市

コースデータ

見学時間（目安）：**1〜2時間**
楽しめる期間：**通年**
お勧めの季節：**人出の少ない冬の平日（12〜2月）**
歩行距離：**1.3㎞**
標高：**9m（出雲大社）**
標高差：**約9m（出雲大社〜稲佐の浜）**

温泉データ

出雲駅前温泉らんぷの湯
泉質：**ナトリウム塩化物泉**
所在地：**島根県出雲市駅南町1-3-3**
☎0853-20-2626

アクセス　山陰自動車道・出雲ICから国道431号を経て、車で約15分

コースの特徴

国譲り神話の浜としてその名を知られているが、別の神話の地にも近い場所だということは意外に知られていない。

この稲佐の浜に立ち、南西方向を見てほしい。浜に打ち寄せてくる波の上に、ほれぼれするくらい優美な尾根ラインを見せている山がある。国引き神話に登場する三瓶山《さんべさん》だ。その三瓶山方面へと弓状に続いていくのが、国引きの際の網になったといわれる長浜海岸（薗《その》の長浜）である。日本の歴史にとって重要な２つの神話が接する場所としても、稲佐の浜の魅力がわかっていただけるだろう。

この浜にはぜひ出雲大社から徒歩でアプローチしてほしい。人出の多い大社内を西に抜けると、すぐ閑静な住宅地へと入っていく。左手には、出雲《いずもの》阿国《おくに》（歌舞伎の原型を創始した安土桃山時代の女性芸能者）の墓所や諸寺の墓地が連続している。

（上）国譲り神話の稲佐の浜と国引き神話の三瓶山
（右）海から稲佐の浜を遠望
（左）稲佐の浜

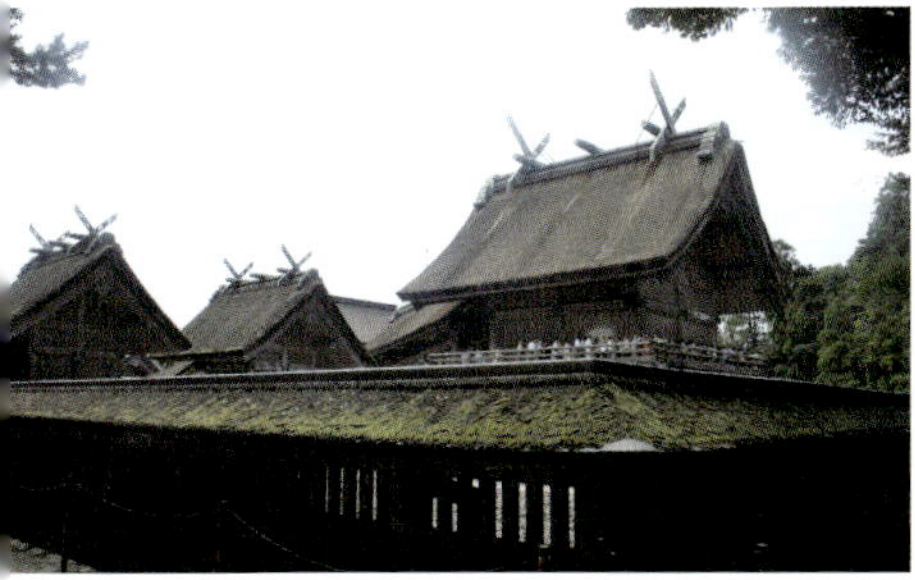

出雲大社・遷宮前の社殿参拝

墓地群が終わるころ、前方から波が浜に打ち寄せる音が聞こえてくるだろう。その打ち寄せる波の音とともに、旧暦10月の神在月（かみありつき）には全国から八百万の神々が出雲へと還《かえ》ってくる。

現在でも出雲の人々は、神在月には日常生活の中で大きな音をたてないように心がけるという。そして、全国から還られる神々を静かに出迎えるのだ。

最寄りの施設

島根県立古代出雲歴史博物館
☎0853-53-8600
出雲大社および関連の地を訪れる際には、この博物館に必ず足を運んでほしい。2000～2001年にかけて発見された宇豆柱と呼ばれる、スギの大木３本を１組にした直径約3mの巨大な柱の一部や、近くの荒神谷遺跡で出土した大量の銅剣などが展示されている。また、神話シアターで上映されるプログラム映像も必見だ。

摩天崖からの
ダウンヒルハイキング

岩倉の乳房杉（島後）

地球の底力

隠《お》岐《き》の島《しま》（西《にし》ノ《の》島《しま》）

荒波に洗われる天上界へのダウンヒルルート

47

島根県

隠岐郡隠岐の島町

コースデータ

見学時間（目安）：**1日**
楽しめる期間：**通年**
お勧めの季節：**8月中旬（精霊船（しゃーらぶね））**
歩行距離：**2㎞前後**
標高：**112m（摩天崖）**
標高差：**約100m（摩天崖〜天上界）**

温泉データ

隠岐温泉GOKA（島後）
泉質：**ナトリウム-炭酸水素塩泉**
所在地：**島根県隠岐郡隠岐の島町南方296-1**
☎**08512-5-3200**

アクセス　境港市・境港、松江市・七類港から出港するフェリー航路で約3時間

コースの特徴

隠岐の島は、万葉の時代から遠流の地として知られてきた。承久の乱に敗れた後鳥羽上皇や、後に吉野に南朝を創立する後醍醐天皇もこの地に流されている。

それだけ、当時の都人にとっては、杳々《ようよう》たる異世界として捉えられていたに違いない。確かに島々の自然景観や生態系には独特なものがあり、ユネスコの世界ジオパークにも選ばれている。

その背景には、この島々が有している太古からの地殻変動がある。ユーラシア大陸から分離する前の時代、分離後になっての湖の底時代、日本海が形成された後の深い海底に沈んでいた時代、火山活動によって隆起した時代、島根半島と陸続きであった時代、そして半島から分離し離島となった現在に至るまで、島々はその景観と生態系を揺さぶり続けられてきたのである。

そんな大地と海が交差する結節点とし

ての魅力を味わえるのが、西ノ島にある摩天崖から天上界へのダウンヒルハイキングである。牛や馬が長閑《のどか》に草を食《は》む傍《かたわ》らを、海風に肌を擦《さす》られながら海辺へと下っていく。

　日本海の荒波が咆哮《ほうこう》をあげる奇岩群の磯に佇《たたず》み、遥か彼方の大海原に沈む夕陽を見てほしい。必ずやそこには天上界が出現することだろう。

（上）天上界の日没後
（右）天上界
（左）国賀海岸への下り坂

サンセットクルージング

最寄りの施設

海の駅・隠岐シーサイドホテル鶴丸
☎08514-6-1111
隠岐の島（西ノ島）滞在の拠点となる宿泊・食事処。穏やかで風光明媚な入り江に位置しており、朝な夕なに近くを散歩したくなる場所である。宿には、遊覧船や釣り船、また各種マリンスポーツのプログラムがあり、総合的なアクティビティ施設でもある。

古代への通路

土《ど》井《い》ヶ《が》浜《はま》遺《い》跡《せき》・人類学ミュージアム

中国大陸に向けて葬られた弥生人骨の謎

48

山口県

下関市豊北町

ミュージアム内展示

貝輪をした英雄

コースデータ

見学時間（目安）：**1時間**
楽しめる期間：**通年**
お勧めの季節：**冬の晴れた日（12～2月）**
歩行距離：**1km未満**
標高：**4m**
標高差：**ほとんど無し**

温泉データ

津波敷温泉海浜荘
泉質：**ラドン温泉**
所在地：**山口県下関市豊北町大字神田上4209-4**
☎0837-88-0310

アクセス　中国自動車道・下関ICから国道191号を経て、車で約1時間

コースの特徴

利便性の少ないアクセス条件ゆえなのか、この場所の存在は意外に知られていない。ただ、古代史（特に弥生時代）愛好者にとっては「聖地」とされているくらい、重要なスポットだ。

1953年、地元の小学校教諭が浜辺を歩いていた際、貝で作られた腕輪らしき遺物や人骨を採集し九州大学へ通報した。その後、九州大学の考古学チームにより継続的な発掘調査がなされた結果、弥生人骨が300体余り完全な形で出土したのである。

土井ヶ浜には西からの海風によって吹き上げられた砂層が厚く堆積しており、この砂層に含まれるカルシウムと塩分が、人骨を良好な状態で保存していたといわれている。そして不思議なことに、これらの人骨は体の軸がほぼ東西になるように、しかも頭をやや高く、顔が西側を向くように埋葬されていた。土井ヶ浜から

（上）ほとんどの頭部は西方向を向いている
（右）発掘された人骨展示
（左）熟年男女の合葬事例

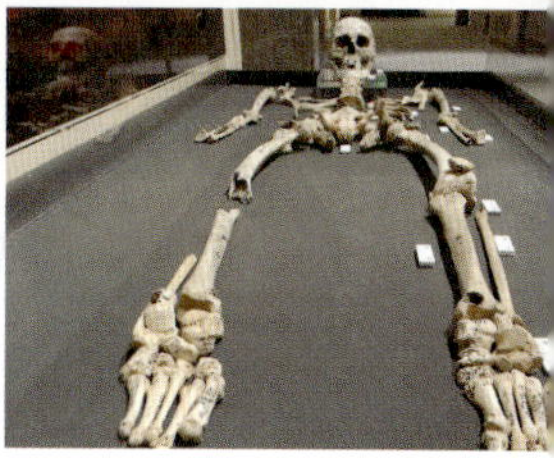

人類学ミュージアム

向かって西側とは、すなわち中国大陸の方向である。

その人骨80体の発掘当時の状況を模型で忠実に再現している「土井ヶ浜ドーム」では、霊的能力を持つ女性シャーマンの埋葬例と推定される「鵜《う》を抱く女」や、胸から腰にかけて15本の石鏃《せきぞく》が打ち込まれた人骨のある「戦士の墓」など、臨場感あふれる展示を見ることができる。

最寄りの施設

角島《つのしま》灯台公園

☎083-786-0108

土井ヶ浜遺跡から車で約20分の距離にある。この公園に至る前には、角島大橋を渡る。この橋は、通行料金無料の離島架橋としては、沖縄県の古宇利大橋（全長1960m）に次いで、日本第2位の長さ（全長1780m）だ。灯台は明治9（1876）年に点灯が始まり、現在も毎日点灯されている。また、灯台のある角島では、10～11月にダルマギクの花が開花する。

物語のある土地

荘内半島《しょうないはんとう》（紫雲出山《しうでやま》）

49

浦島太郎伝説の残る瀬戸内の半島

香川県

三豊市

瀬戸内海の多島美も満喫

山頂部は桜の名所

コースデータ

見学時間（目安）：**1〜2時間**
楽しめる期間：**通年**
お勧めの季節：**桜開花時期（4月初旬）**
歩行距離：**1㎞未満**
標高：**352m（紫雲出山山頂展望台）**
標高差：**50m（山頂駐車場〜山頂部）**

温泉データ

たかせ天然温泉
泉質：**アルカリ性単純温泉**
所在地：**香川県三豊市高瀬町上高768-1**
☎0875-73-3726

アクセス　高松自動車道・さぬき豊中ICから県道231号・232号を経て、車で約30分

コースの特徴

誰もが知っているお伽話「浦島太郎」。その物語の舞台と伝えられている土地は、日本各地に存在する。その中でも、ここ荘内半島にはリアリティある地名が数多く残されている。

まず、「紫雲出山」から始めよう。この地名は、玉手箱から出た白煙が紫色の雲になって山にたなびいたことに由来している。荘内半島の突端部に位置するこの山からの眺望は素晴らしく、玉手箱を開け一気に年をとってしまう浦島太郎とは裏腹に、時の経つのを忘れさせてくれる。

その玉手箱に由来する「箱浦」という名前の小さな入り江が半島の東側にある。ここは乙姫と別れて竜宮から帰り、玉手箱を開いた場所ともいわれ、集落には浦島太郎一家の墓まで存在している。さらに、半島北西端にある、「生里《なまり》」という漁村には、浦島太郎が生まれた里という伝説がある。このように地名だけを見ても、

（上）荘内半島の朝
（右）遊歩道沿いは季節の彩りが豊か
（左）浦島太郎の墓碑がある漁村

浦島太郎墓碑の由来板

ここ荘内半島と浦島太郎のお伽話との緊密な関係性に驚かされる。

紫雲出山の山頂部には、1000本前後の桜があり、開花時期には紫の雲ならぬ、薄紅色の桜吹雪が海からの風に舞っている。

もしかすると、その舞い散る桜の花びらは、あなたを幻想世界にある竜宮へと導いてくれるかもしれない。

最寄りの施設

紫雲出山遺跡館
☎0875-84-7896
紫雲出山の山頂エリアにある弥生時代の高地性集落遺跡から出土した品を展示している。展示もさることながら、この館内にある喫茶スペースからの展望は格別である。コーヒーなどを飲みながら、ガラス越しに見える瀬戸内海の美しい多島美世界を満喫できる。

物語のある土地

石垣《いしがき》の里《さと》（外泊《そとどまり》）

未来に残したい漁業漁村の歴史文化財産百選

50

愛媛県

南宇和郡愛南町

可愛いスケッチ小石

コースデータ

見学時間（目安）：**1～2時間**
楽しめる期間：**通年**
お勧めの季節：**冬の陽だまり日（12～2月）**
歩行距離：**1km未満**
標高：**25m（集落中心最高所）**
標高差：**約20m（海岸線～集落中心）**

入浴施設

ゆらり内海
海水風呂
所在地：**愛媛県南宇和郡愛南町須ノ川286**
☎0895-85-1155

アクセス 宇和島道路・津島岩松ICから国道56号、県道34号を経て、車で約50分

コースの特徴

四国と九州に挟まれた海は豊後《ぶんご》水道と呼ばれている。その愛媛県側の海岸線は、複雑に入り組んだリアス式海岸だ。その入り江の1つに面した外泊集落は、「石垣の里」として知られており、漁港のある海際から背後の山腹にかけての急斜面に、約50軒の民家がひしめき合うように建っている。

この集落の始まりは幕末だ。隣接する集落（中泊）の人口増加に伴う居住区調整のため、各家の二男以下にこの場所への分家移住を促したという、ユニークな起源物語が記録されている。台風や冬の厳しい季節風への防御対策のため、狭い山の傾斜地にひとつひとつ石を積んでいったという。集落の中央部にある坂道を歩いていると、家の軒に達する高さまで積まれた石垣に視界が狭まるほどである。

集落の上部からは、入り江の彼方に穏

（上）愛南町の浜で迎える夕陽
（右）石積み壁が海風を遮る
（左）傾斜地にできた漁村

隙間のない石積み壁

やかに横たわる西海半島の姿も遠望できる。積まれた石にそっと手を触れていると、この小さな漁村が刻んできた静かな時の流れが伝わってくるように感じられる。

愛南町のリアス式海岸沿いの道は、ドライブするだけでも楽しい。緩やかな山並みと美しい入り江が連続し、訪れる旅人の気持ちを和やかにしてくれる。

最寄りの施設

だんだん館
☎0895-82-0311
外泊集落の中に位置しており、石垣の眼下に広がる宇和海を臨みながら、地域の話を聞くことができる。冬でも暖かい光が射す縁側もあり、ほのぼのとしたくつろぎのスペースだ。外泊集落の石積みや人々の営みの歴史などが、写真パネルや資料などで学べる。また、コーヒーや土産物などの販売もある。

地球の底力

室戸《むろと》岬《みさき》・空《くう》海《かい》修行の洞《どう》穴《けつ》 51

〝日本の音風景〟100選にて悟りの境地を追想

高知県

室戸市

地殻のうねりを体感

室戸岬灯台

コースデータ

見学時間（目安）：**1〜2時間**
楽しめる期間：**通年**
お勧めの季節：**冬の陽だまり日(12〜2月)**
歩行距離：**1㎞未満**
標高：**143m（室戸岬灯台）**
標高差：**ほとんど無し（海岸沿い歩き区間）**

入浴施設

シレストむろと
室戸海洋深層水
所在地：**高知県室戸市室戸岬3795-1**
☎0887-22-6610

アクセス 高知自動車道・高知ICから国道55号を経て、車で約2時間

コースの特徴

悟りや解脱《げだつ》というのは、厳しい修行や修練の先に得られるものと説かれている。その修行・修練の場所の多くが、深山《しんざん》幽《ゆう》谷《こく》や絶海の孤島など、俗世から隔絶された異界との接触域である。それら接触域の景観からは、どこかほとばしる生命力が躍動しているオーラが感じられる。

弘法大師・空海が修行をし、悟りをひらいたとされる御厨人窟《みくろど》のすぐ前には、地球が躍動する生命力の力強い痕跡が残されている。洞窟のある室戸岬一帯は、南海トラフ側に突出した数段の海成段丘が発達。この段丘は、巨大地震のたびに起こる地殻変動が累積し、段階的に隆起していったと推測されている。その地殻の隆起活動を、海際の岩礁地帯では実際に手や足で体感できる。

また、室戸岬の先端から東に約2㎞にわたる海岸沿いは遊歩道となっており、海底からダイナミックにニョキっと顔を

（上）御厨人窟にて迎えた朝
（右）ユネスコ・ジオパークを歩く
（左）御厨人窟（立ち入れた時期の撮影）

ジオパークを歩く

出す筋状の地層や、アコウ、ハマユウなどの亜熱帯植物を見ることもできる。その岩礁遊歩道の先には、空海ゆかりの行水の池。衆生の眼病を癒した「目洗いの池」などがある。

＊落石等による御厨人窟・神明窟への立入禁止についての最新情報は問い合わせ先に要確認

最寄りの施設

室戸世界ジオパークセンター
☎0887-22-5161
ジオパークでの各種体験プログラムなどが用意されている。また、「大地のなりたち」「大地と人の共生」「人のいとなみ」などと命名された展示スペースも、わかりやすく学べる工夫がされている。ジオシアターゾーンでは、臨場感あふれる映像が室戸の奥深い世界へと誘ってくれる。

志賀島展望台からの
海の中道

鹿の角（志賀海神社）

古代への通路

志賀島《しかのしま》・金印公園《きんいんこうえん》 52

古代における大陸や他地域との交流史に思いを馳せる

福岡県

福岡市

コースデータ

見学時間（目安）：**1〜2時間**
楽しめる期間：**通年**
お勧めの季節：**山誉種蒔漁猟祭（4月・11月）**
歩行距離：**1㎞未満**
標高：**40m（志賀海神社）**
標高差：**40m（登り坂の石段）**

温泉データ

休暇村 志賀島
温泉館「金印の湯」
泉質：**塩化物冷鉱泉**
所在地：**福岡県福岡市勝馬1803-1**
☎092-603-6631

アクセス 福岡都市高速・香椎浜ICから志賀島方面へ、車で約30分

コースの特徴

なんといっても、「金印」の知名度は小学生にまで浸透している。教科書にも登場する、露出度の高い国宝の1つであろう。その金印が発見されたのは、博多湾に浮かぶ志賀島だ。

志賀島は、信州・安曇野地域との関連も深く、古代海人として知られた安曇氏《あずみうじ》（阿曇氏）の本拠地である。標高3190mの奥穂高岳山頂に嶺宮《みねみや》のある穂高神社は、当地まで移住した安曇氏が祖神を祀《まつ》った古社といわれている。

「海神の総本社」とも称される志賀海《しかうみ》神社から島の海岸沿いに車で数分の場所には金印公園がある。近年改装された公園内には、レプリカの金印がガラスケースに収められており、そのガラスケース越しに博多湾に沈む夕陽を望める絶景ビューポイントとなっている。

九州北部には、大陸や朝鮮半島との交流の歴史を辿れる場所が点在する。その

（上）金印公園からの夕暮れ
（右）志賀海神社参道
（左）志賀海神社

太鼓橋（志賀海神社）

中でも、ここ金印公園から見る夕暮れ時のランドスケープは、遥か西方の彼方にある中国大陸や朝鮮半島へのイマジネーションを確実に押し広げてくれることだろう。

その交流の歴史遺物のいくつかは、現在の「海の中道海浜公園」の敷地や、隣接する土地からも発掘されている。

最寄りの施設

海の中道海浜公園
☎092-603-1111
博多の北に広がる博多湾と、玄界灘の２つの海に囲まれた砂州にある国営公園。1年を通してさまざまな季節の花が楽しめると同時に、野外体験プログラムなども用意されている。12月のクリスマス時期には、1万本のキャンドルに灯がともされ、光の地上絵が描かれることでも有名である。

古代への通路

玄界灘《げんかいなだ》の島・相島《あいのしま》（積石塚群《つみいしづかぐん》）

万葉集や続古今和歌集に詠《うた》われた島

53

福岡県

糟屋郡新宮町

島内からの玄界灘

相島の北海岸

コースデータ

見学時間（目安）：**1〜2時間**
楽しめる期間：**通年**
お勧めの季節：**冬の陽だまりが多い日(12〜2月)**
歩行距離：**1㎞未満**
標高：**約60m（島周遊時の最高地点）**
標高差：**約60m（海岸線から周遊時最高地点へ）**

温泉データ

宗像王丸・天然温泉
やまつばさ
泉質：**アルカリ性単純温泉**
所在地：**福岡県宗像市王丸474**
☎0940-37-4126

アクセス 福岡市都市高速1号・香椎東ICから国道3号、県道537号を経て、車で約15分（相島に渡るフェリー発着所・新宮港へ）

コースの特徴

近年、「猫の島」として人気上昇中である。約５００人の人口の島に、推定１５０匹を超す猫がいるという。九州方面の猫好きな女子は週末ごとに相島通いをしているとか。

玄界灘に浮かぶ小さな島、相島には、猫以外にも、あまり知られていない歴史的遺産がある。それが、島の北東海岸にある「積石塚群」である。玄界灘に面した浜辺に、波に洗われ角の取れた同系統、同色の丸石が広大無辺に敷き詰められ、波打ち際には無数のミニ・ピラミッドが並んでいる。その中を巡回する道があり、積石塚古墳群を歩いて見学できる。

「何のために？」という素朴な疑問が湧いてこざるを得ない。当初は場所的にも、「元寇《げんこう》の時の防塁跡《ぼうるいあと》」とか、「元寇のときの死者を埋葬したお墓」だといわれていた。

しかし、最近の学術調査により、４

（上）石積みの墳墓
（右）積石塚群を歩く
（左）相島へと渡るフェリー乗り場

世紀から7世紀代にかけて造られた古墳群だということがわかり、現在までに254基の積石塚が確認されている。ユニークなのは、古墳の主体部（死者の埋葬部屋）の構造が、横穴式であったり竪穴式であったり、箱型石棺であったりと、多種に富んでいることだ。

宮地嶽神社

最寄りの施設

宮地嶽《みやじだけ》神社

☎0940-52-0016

人気グループ「嵐」が出演する日本航空CMロケ地となり一躍脚光を浴びた、夕陽鑑賞スポットとして有名な神社である。春と秋の2回、社殿への上り階段から海まで一直線に伸びる参道の先に夕陽が沈んでいく。その黄金色に輝く参道は「光の道」となり、奇跡的ともいえるひとときを味わうことができる。また、神社の「大注連縄引き神事」も一見の価値あり。

物語のある土地

虹《にじ》の松原《まつばら》（唐津《からつ》の松林）

七不思議が語り継がれる日本三大松原の1つ

54

佐賀県

唐津市

全長 5km 前後に及ぶ松林

海風によって歪曲した松

コースデータ

見学時間（目安）：**1～2時間**
楽しめる期間：**通年**
お勧めの季節：**唐津くんち（11月2～4日）**
歩行距離：**4～5㎞（松林の中）**
標高：**268m（鏡山西展望台）**
標高差：**ほとんど無し（松林の中を歩く際）**

温泉データ

鏡山温泉茶屋 美人の湯
泉質：**含弱放射泉、単純鉄泉**
所在地：**佐賀県唐津市鏡4733**
☎0955-70-6333

アクセス 唐津道路・浜玉ICから唐津街道を経て、車で約10分

コースの特徴

日本三大松原とは、三保の松原（静岡県）、気比の松原（福井県）、そしてここ虹の松原である。その中でも虹の松原は、最大の２３０ヘクタール（ヤフオクドーム の約30個分）という広さを誇っている。

このクロマツを主とした１００万本の松林を一望できる絶好のビューポイントがある。虹の松原の南に位置する鏡山だ。山の山頂近くまで車でアプローチができ、公園化された一角にコンクリート製の展望台がある。

この展望台には、日没前に到達しておきたい。展望台からは眼下に美しい弧を描く虹の松原、そしてその先に唐津湾の穏やかな水面が広がっている。さらに日没時には、松浦川沿いに展開する唐津の街並みとその背後の山々が薄紅色に染まり始めるのである。

『魏志倭人伝』に記述のある末盧国《まつろこく》は唐津市近辺に存在したと推定されており、

（上）鏡山西展望台からの松林
（右）松林を歩く
（左）松林の案内表示

早朝の唐津の浜辺

黄昏空に遥か古代への思いを馳せることもできる。

潮風や飛砂から農地を守るために植林された松林には、昔から「蝉の声がしない」とか「蛇がいない」など、「虹の松原七不思議話」が伝えられてきた。その不思議の紐解きをしながら、松林の中を小1時間ほど歩いてみよう。

最寄りの施設

曳山《ひきやま》展示場

☎0955-73-4361

秋の唐津の街を彩る祭り・唐津くんちで巡行される「曳山」と呼ばれる、花や人形など装飾が施された豪華な漆の工芸品が展示されている。ちなみに唐津くんちの「曳山行事」は、全国33件「山・鉾・屋台行事」の1つとして2016年にユネスコ無形文化遺産登録を受けている。

 問い合わせ先 唐津観光協会 ☎0955-74-3355

博多湾から対馬航路へ

珍しい三角鳥居
（和多津美神社、対馬）

道・街道の面影

壱《い》岐《き》・対《つ》馬《しま》 55

独自の文化を育んだ海の交易中継地

長崎県

壱岐市・対馬市

コースデータ

見学時間（目安）：**1〜2日**
楽しめる期間：**通年**
お勧めの季節：**対馬 厳原港まつり（8月初旬）**
歩行距離：**見学ルートにより異なる**
標高：**170m（烏帽子岳展望所・対馬）**
標高差：**ほとんど無し**

温泉データ

湯多里ランドつしま
泉質：**ナトリウム塩化物泉**
所在地：**長崎県対馬市美津島町鶏知乙1168-1**
☎0920-54-3336

アクセス 福岡港から壱岐・対馬行のフェリー（問い合わせ：壱岐・対馬フェリー株式会社☎092-725-1162）

コースの特徴

韓国、釜山から空路福岡へのルート上、機窓から下に壱岐島などの島影が見えてくる。壱岐島の上空を通過すると機首を下げ始め、福岡への着陸態勢に入っていく。釜山を離陸してわずか1時間弱で福岡空港に到着。

現代では短い飛行時間を、古代の人々は船で幾日もかけて海上航行していた。その海上航行の重要な中継地点が、この2つの島（対馬・壱岐）である。対馬から韓国までは直線で49・5㎞。釜山の花火大会で打ち上がる花火が見える距離だ。この島々がなければ、どれだけ多くの漂流事故、沈没事故が発生していたことだろう。

今回はあくまで導入編として概要の紹介に留めるが、必ず見てほしい場所がある。対馬では烏帽子岳展望所からのリアス式海岸、竜宮伝説が古くから伝わる2基の鳥居が海中にそびえる和《わ》多《た》都《づ》美《み》神社、

（上）和多津美神社（対馬）
（右）烏帽子岳展望台からのリアス式海岸（対馬）
（左）原の辻遺跡（壱岐）

壱岐は麦焼酎発祥の地ともいわれる

日本海海戦に備えて開削された運河・万《まん》関瀬戸《ぜきせと》など。毎年8月初旬には「朝鮮通信使」の行列が再現される厳原港《いずはらこう》祭りもある。

一方壱岐では、弥生遺跡・原《はる》の辻《つじ》と焼酎醸造所（麦焼酎発祥の地）などを巡りたい。原の辻遺跡では、弥生時代前期から古墳時代初期にかけての、大規模環濠集落が一部復元されている。

最寄りの施設

壱岐市立一支国《いきこく》博物館

☎0920-45-2731

黒川紀章氏による設計の博物館。館内からは、『魏志倭人伝』に記された一支国の王都跡とされる原の辻遺跡を眺望することができる。その原の辻遺跡からの出土品や、高麗版大蔵経、朝鮮系無文土器など、朝鮮半島との濃密な交流を偲ばせる展示物群を見ることができる。

 問い合わせ先 対馬観光物産協会 ☎0920-52-1566 壱岐市観光連盟 ☎0920-47-3700

道・街道の面影

五島列島《ごとうれっとう》・鬼岳《おにだけ》 56

遣唐使船が最後に立ち寄った福江島《ふくえじま》

長崎県

五島市

雲と海の間を歩く（鬼岳）

かつては火山だった鬼岳

コースデータ

見学時間（目安）：**1日**
楽しめる期間：**通年**
お勧めの季節：**秋（11月のススキ盛り時）**
歩行距離：**見学ルートにより異なる**
標高：**315m（鬼岳）**
標高差：**約100m（鬼岳歩き）**

温泉データ

鬼岳温泉
泉質：**ナトリウム塩化物泉**
所在地：**長崎県五島市上大津町2413**
☎0959-72-1348

アクセス 長崎港から福江港まで高速船で約1時間25分（九州商船☎095-822-9153）

コースの特徴

五島列島には約50もの教会が点在している。その多くは集落から外れた山の麓《ふもと》や、海を眺める岬の突端部などに、ひっそりと佇《たたず》んでいる。素朴ではあるが、物言わぬ意志の強さがにじみ出ている小さな教会群は、五島の島民たちにとってなくてはならない信仰の場として、いまも大切に守られている。

潜伏キリシタンの島として脚光を浴び始めているこの島々は、かつては最果ての島として大陸へと渡る人々の最終寄港地でもあった。遣唐使一行に入っていた空海なども、この島影をしっかりと瞼に焼き付けてから渡海したことだろう。福江島西端にある三井楽町には、空海の威徳を顕彰する記念碑や空海像が建っている。

その空海らを乗せた遣唐使船が日本を離れてゆく航路を見下ろす、素敵な丘がある。標高315m、斜面全体が芝生に覆われ、秋になると尾根筋がススキの海

（上）ススキの海を歩く（鬼岳）
（右）隠れキリシタンの教会内部
（左）異国情緒のある風景

西海に面する弘法大師像

となる鬼岳だ。その名とは裏腹に美しい流線形を描く火山である。山の上部には樹林が一切ないので、３６０度の大パノラマが満喫できる。眼下に福江の市街地が、北方には上五島の島々、そして夕陽が沈む西方角には遣唐使船が海上に残した面影が、揺らめきながら見えてくるかもしれない。

最寄りの施設

道の駅 遣唐使ふるさと館
☎0959-84-3555
万葉シアターでは、「万葉」と「遣唐使」をテーマとした幻想的な映像が用意されている。また展示コーナーでは、遣唐使とのゆかりが深い三井楽を詠んだ万葉集の歌や、遣唐使船のミニサイズの模型などがある。さらに食事処や物産コーナーも併設されており、複合的な施設となっている。「ふるさとバイキングコーナー」では、地元の食材を使った郷土料理のバイキングが楽しめる。

物語のある土地

軍《ぐん》艦《かん》島《じま》（端《は》島《しま》）

57

廃墟の中に時代の栄枯盛衰をみる

長崎県

長崎市

海底坑道入り口跡

軍艦のように見えるる角度

コースデータ

見学時間（目安）：**各社のプログラムにより異なる**
楽しめる期間：**通年**
お勧めの季節：**波の高くない日を選びたい**
歩行距離：**1㎞未満**
標高：**40m（端島内最高地点）**
標高差：**ほとんど無し**

温泉データ

稲佐山温泉ふくの湯
泉質：**単純温泉**
所在地：**長崎県長崎市岩見町451-23**
☎095-833-1126

アクセス

長崎港から各社のクルーズ船でのアクセスとなる（上陸の可否の詳細は取り扱い各社へ）

コースの特徴

２０１５年、この島は「明治日本の産業革命遺産 製鉄・製鋼、造船、石炭産業」の構成遺産として、世界文化遺産に登録されている。石油への燃料革命が起きるまで、日本の産業を下支えした燃料は石炭である。その石炭採掘の操業を海底で行ってきたのが、この軍艦島（端島）だ。

長崎港から南西約17・5㎞に浮かぶ小さな島は、当初は「島」ではなかった。南北約３２０ｍ、東西約１２０ｍの小さな瀬と周囲の岩礁、砂州は、６回の埋め立て工事を経て、３倍の面積の「海底炭田採掘場」となる人工島になったのである。その後さまざまな施設が増築され、日本海軍の戦艦「土佐」に似ているとして、大正10（１９２１）年頃から「軍艦島」と呼ばれるようになった。同じ大正時代には、日本初となる鉄筋コンクリート造の集合住宅が建設されている。

昭和35（１９６０）年に島内の人口は最

（上）海上からの島巡り
（右）島内巡り
（左）島に上陸する

物言わぬ廃墟群

盛期を迎え、5267人の人口密度は、当時世界一を誇ったこともある。狭い島内には、小中学校、病院、寺院をはじめ美容院、雀荘、スナックや映画館まであり、ほぼ島内で生活が完結できる状態だったという。

＊2018年の台風25号による損壊に伴う上陸停止の最新情報については、問い合わせ先に要確認

最寄りの施設

軍艦島資料館
☎095-893-1651
シアターゾーンでは、4Kの鮮明な映像で、軍艦島のさまざまな様子が紹介されている。また展示コーナーでは、端島（軍艦島）の全体図をミニチュア模型で復元。ほかにも、当時の採掘風景や端島での人々の暮らしぶりなどを振り返ることができる展示となっている。

神話伝承の郷

鵜《う》戸《ど》神《じん》宮《ぐう》（海際の産殿《うぶどの》）

日本三大下り宮の1つ

58

宮崎県

日南市

本殿への下り坂

神門

コースデータ

見学時間（目安）：**1〜2時間**
楽しめる期間：**通年**
お勧めの季節：**正月の初日の出**
歩行距離：**1㎞前後**
標高：**5m**
標高差：**ほとんど無し**

温泉データ

北郷温泉
サンチェリー北郷
泉質：**緩和低張性高温泉**
所在地：**宮崎県日南市北郷町大藤甲1519-3**
☎0987-55-3611

アクセス 宮崎自動車道・宮崎ICから国道220号を経て、車で約50分

コースの特徴

神殿への参道は上り坂が一般的だ。身体を下降させながら神域へと向かう「下り坂参道」は稀少であり、その主なものに三大下り宮というのがある。群馬県にある貫前《ぬきさき》神社、熊本県の草部吉見《くさかべよしみ》神社、そしてここ鵜戸神宮である。

特に鵜戸神宮は、海際の岩礁帯へと降りていくので、荒波が打ち上げる波しぶきが身を浄めてくれる。その奇怪な姿をした巨岩群には目を瞠《みは》ることだろう。まるでカッパドキア（トルコ東部）にある岩峰群を思わせる。

神話上において、神武《じんむ》天皇の父親である日子波瀲武鸕鷀草葺不合尊《ひこなぎさたけうがやふきあえずのみこと》の産殿の址《あと》といわれる洞窟は、高さ8・5m、東西38m、南北29mの巨大な岩窟（海食洞）である。そして、日向灘《ひゅうがなだ》に面したその洞窟の内に本殿が鎮座している。

また、奇岩が連なる岩礁には、主祭神の母君である豊玉姫が出産の折に乗って

（上）洞窟内の神殿
（右）この社殿の背後を廻る
（左）海に面する祓所

荒波と奇岩

来たと伝えられる霊石・亀石がある。この亀石の背中には桝状《ますじょう》の窪みがあり、この窪みに「運玉」を投げ入れることができれば願いが叶うといわれている。

この「運玉」は、言ってみればお賽銭のようなもの。昔はお金を投げ入れる習慣だったが、現在では小学生によって作られる素焼きの玉となっている。

最寄りの施設

サンメッセ日南
☎0987-29-1900
世界で唯一、7体のモアイ像が完全復刻されたことでも知られている。宮崎方面から鵜戸神宮への途中にあり、売店やレストランなども兼ねた複合施設。敷地内にはガーデンテラスや蝶の楽園、動物舎などがあり、ファミリー層にも人気である。

神道やキリスト教が入り混じる

崎津集落

物語のある土地

天草諸島《あまくさしょとう》

59

潜伏キリシタンの哀しい物語が残る島々

熊本県

天草郡

コースデータ

見学時間（目安）：**1日**
楽しめる期間：**通年**
お勧めの季節：**桜開花時期（4月初旬）**
歩行距離：**1㎞未満**
標高：**120m（千巌山展望所）**
標高差：**ほとんど無し**

温泉データ

ペルラの湯舟
泉質：**単純泉**
所在地：**熊本県天草市本渡町広瀬996**
☎0969-23-2626

アクセス　九州自動車道・松橋ICから天草パールラインを経て、車で約2時間30分（崎津集落へ）

コースの特徴

2018年6月、「長崎と天草地方の潜伏キリシタン関連遺産」が世界遺産に登録決定された。長崎の関連史跡の知名度に比べ、それほど関心が寄せられてこなかっただけに、今後天草諸島および関連史跡への注目度は増していくだろう。

そんな天草諸島を代表する2つの島、上島・下島を1日かけてじっくりと巡りたい。九州本土から上島へは天草五橋を通っていく。4つの小さな島を結ぶ道は「天草パールライン」と呼ばれており、海辺の風を受けながらのドライブだ。

上島ではまず千巌山《せんがんざん》展望所へ。この展望所からは島原湾に浮かぶ島々の多島美世界に酔いしれることだろう。下島では、天草四郎の一揆軍に攻撃された富岡城に立ち寄りたい。

さらに南下して、崎津集落へも足を延ばしてみよう。この小さな集落では、必ず西側山腹にある崎津諏訪神社から教会

（上）黄昏時の天草諸島（千巌山展望所）
（右）天草の岩礁地
（左）崎津諏訪神社

富岡城から見る雲仙岳

を眺めてほしい。この2つの聖なる場所を結ぶ道（神の道）は、神霊の御幸道であり、同時に教会の聖体行列とが共有されるなど、シンクレティズム（異なる信仰の結合・混合）の空間として稀有《けう》な通りとなっている。

　時間に余裕があれば、天草諸島を縦断した後、牛深《うしぶか》港から海路フェリーで長嶋方面へと巡りたい。

最寄りの施設

天草キリシタン館
☎0969-22-3845
まずは屋上にある展望所に上がってみたい。天候条件が整えば、北方向に島原半島にある雲仙岳の雄姿が目に入ってくる。また、東南方向には八代湾に浮かぶ天草諸島群が見え隠れする。館内には、天草・島原の乱の資料や、この地に伝来した南蛮文化、キリシタン文化などに関する展示物がある。映像鑑賞室の天草紹介ビデオも必見。

地球の底力

下《しも》甑《こしき》島《しま》（絶海の離島）60

8000万年前の白亜紀の地層に触れる

鹿児島県

薩摩川内市

瀬々野浦集落奇岩群（ローソク岩）

コースデータ

見学時間（目安）：**1日**
楽しめる期間：**通年**
お勧めの季節：**7月初旬（カノコユリ開花時期）**
歩行距離：**500m前後**
標高：**62m（鳥ノ巣山展望台）**
標高差：**約50m（展望台～花の群生地）**

入浴施設

ホテル 竜宮の郷
こしき海洋深層水
所在地：**鹿児島県薩摩川内市下甑町手打2040**
☎09969-7-0481

アクセス　串木野新港からフェリーで約3時間にて下甑島（長浜港）

コースの特徴

下甑島では2013年に日本国内では初めて、草食恐竜ケラトプス類（トリケラトプスを含む恐竜の分類群）の化石が発見されている。この発見は、想像力が追い付いていけないほど太古の時代（約8000万年前）、甑島は大陸と陸続きで種々の恐竜が闊歩《かっぽ》していた根拠の1つとして注目されている。

確かに、島の西海岸に展開する奇岩の岩礁群や屹立《きつりつ》する絶壁の島々を直近から見上げると、その迫力に圧倒される。そんな雄々しいイメージの島であるが、可憐な風景が目を和ませてくれる時期がある。それは、「上品」「慈悲深さ」という花言葉をもつカノコユリが咲く季節である。

切り立った断崖でも逞しく花を咲かせるカノコユリは、6月下旬頃から8月上旬頃まで、島のいたる所でその姿を見せてくれる。特に、島の北端にある「鳥ノ

（上）カノコユリとニシノハマカンゾウ
（右）瀬々野浦集落
（左）海上からの下甑島

鹿島支所内化石展示スペース

巣山展望台」辺りでは、6月下旬頃に黄色のニシノハマカンゾウと薄紅色や白色のカノコユリとの、色彩美の競演を見ることができる。

恐竜や化石に興味がある人には、最寄りの施設で紹介している鹿島支所内の展示スペースへ立ち寄ってもらいたい。恐竜や化石の展示ミュージアム設立を目指して、学芸員さんらが日夜準備作業を行っている。

最寄りの施設

甑ミュージアム恐竜化石等準備室（薩摩川内市役所 鹿島支所☎09969-4-2211）

薩摩川内市役所 鹿島支所内に設置されている恐竜と化石の展示スペース。甑島では、中生代白亜紀最末期（約7000万年前）の地層からも、さまざまな恐竜の化石が発見されている。そんな貴重な恐竜に関する資料や模型などの展示を見ることができる。事前に連絡して許可を受ければ、担当者からのガイダンスを聞くことも可能だ。

癒し場

column

プナカゾンへの架橋
(祈りと願いの蓄積場)

プナカゾンへの架橋（ブータン）

ブータンで一番美しい町といわれる旧首都のプナカは、ポチュー（男・父）川とモチュー（女・母）川の合流点にある。そして、ポチュー川に架かる木橋を仏教徒達は正装して渡り、聖地（プナカゾン）へと参詣する。この橋は、聖と俗との境界線ともなっているのだ。

テカポ湖畔
(花と水の精)

テカポ湖畔(ニュージーランド南島)

ニュージーランドは南十字星が輝く国と称される。テカポ湖は、その南十字星をはじめ星空観測にも最適な土地にある。また湖畔には、撮影スポットとして名高い「善き羊飼いの教会」もあり、四季折々に変化する水辺の風情のアクセントとなっている。

水辺の

地球の癒し場 水辺編

プリトヴィツェ湖群国立公園
(水と森の精)

プリトヴィツェ湖群国立公園（クロアチア）

90を超える滝の数々、そして16もの湖が点在する水の聖地である。流れる水はエメラルドグリーンの色調を帯びながらも、透明度は高い。大きく上流部と下流部に分かれているが、双方ともに水辺を歩く散策ルートが整備され、多くの人に癒しの場を提供している。

ガンジス河畔
(祈りと願いの蓄積場)

ガンジス河畔（バラナシ、インド）

ヒンドゥー教徒にとって最大級の聖地であるバラナシは、ヒマラヤを源流とする大河、ガンジスの河畔にある。その河畔では四六時中、死と生のドラマが繰り広げられ、荼毘《だび》の炎とともに、聖なる儀式の炎も同時に揺らめいている。

水と森の精

苔《こけ》の森《もり》・白駒池《しらこまいけ》 61

神秘的な池の水辺に広がる苔の原生林

長野県
南佐久郡佐久穂町・小海町

485 種類の苔が生息する森

神秘的な空間

コースデータ

見学時間（目安）：**1～2時間**
楽しめる期間：**5～10月**
お勧めの季節：**紅葉(9月下旬～10月中旬)**
歩行距離：**2㎞（池一周）**
標高：**約2115m（池）**
標高差：**ほとんど無し**

温泉データ

八峰の湯
泉質：**炭酸水素塩温泉**
所在地：**長野県南佐久郡小海町大字豊里5918-2**
☎0267-93-2288

アクセス 中央自動車道・諏訪南ICからメルヘン街道を経て、車で約50分

コースの特徴

ＪＲ東日本のＣＭ「大人の休日倶楽部・長野県『白駒の池』篇」にて、吉永小百合さんが歩いた舞台として一躍その知名度を上げた苔の聖地である。

標高２１００ｍを超える白駒池の周囲には、「もののけの森」「ヤマネの森」「白駒の森」「高見の森」など、地元の苔愛好会らによって名付けられた10か所の苔の森があり、池の一周コース以外にも、複数のハイキングコースがある。

池を取り囲む原生林には、シラビソ、トウヒ、ツガなど、樹齢数百年の巨樹群が鬱蒼《うっそう》と茂り、苔の守護役となっている。またこの原生林の林床では、苔以外にもイワカガミ、コケモモなどの高山植物群が可憐な花弁を綻《ほころ》ばせ、紅葉の終わりともなれば、色づいた葉が木々の枝から苔の上や水面に居を移し、水辺を艶やかに彩るのである。

白駒池周縁の苔の森は、日本蘚苔類《せんたいるい》学

（上）秋の白駒池
（右）標高 2100 m以上では日本最大の天然湖
（左）コメツガ、トウヒ、シラビソの原生林

遊歩道を歩く

会が認定する「日本の貴重なコケの森」（2018年8月現在、全国で28か所認定）の1つとされている。

　苔は日光が当たりすぎると、乾燥して死滅するという。しかし、日光が当たらなさすぎると、光合成ができずにやはり死滅するらしい。そんな繊細で柔らかい「心もち」の生き物との出会いは、きっと見る者の心もちまで穏やかにさせることだろう。

最寄りの施設

茅《ち》野《の》市《し》尖石《とがりいし》縄文考古館
☎0266-76-2270
国宝である縄文土偶、「縄文のビーナス」や「仮面の女神」が出土した八ヶ岳の西山麓にある。２つの国宝をはじめ、数多くの縄文時代の発掘出土品が展示されおり、縄文ファンには垂涎の地だ。展望ギャラリーからは、復元住居のある史跡公園が見渡せる。また、学習コーナーでは各種の関係図書が閲覧できる。

問い合わせ先 佐久穂町観光協会　☎0267-88-3956

高層湿原である
栂池自然園

秋の栂池自然園を歩く

水と森の精

栂池《つがいけ》自然園《しぜんえん》（白馬山麓《はくばさんろく》）

62

雲上の高層湿原から白馬連峰を望む

長野県

北安曇郡小谷村

コースデータ

見学時間（目安）：**3～4時間**
楽しめる期間：**6～10月末**
お勧めの季節：**ニッコウキスゲ開花時（7～8月）**
歩行距離：**5.5㎞（一周）**
標高：**約2000m**
標高差：**150m（ビジターセンターから）**

温泉データ

栂池温泉 元湯栂の森荘
泉質：**低張性弱アルカリ性高温泉**
所在地：**長野県北安曇郡小谷村千国乙496-1**
☎0261-83-3300

アクセス　長野自動車道・安曇野ICから国道148号線を経て、車で約1時間10分（栂池パノラマウェイ・栂池高原駅へ）

コースの特徴

日本有数の高層湿原である。最初に注意してほしいのは、この自然園へは車で直接アプローチはできないことだ。白馬連峰群の懐、標高２０００ｍにある雲上の湿原へは、ゴンドラリフトとロープウェイでの空中接近しかない。

まず、その空中を接近していく計30分弱の間に体験できる魅力から伝えていきたい。標高差約１０００ｍの空中散歩では、白馬連峰群をはじめ数々の北アルプスの秀峰を目にすることだろう。また眼下に広がる広大な森は、季節の変化に応じてきめ細やかな彩色美を変化させていく。自然園を歩くうえで体力的に心配のある人でも、この空中散歩の往復だけは体感してもらいたい。

自然園では湿原に敷設された木道歩きからスタートする。一周約６㎞弱の道のりは大きな高低差はないが、一部樹林帯の中や坂道もあるので、雨天時は足元の

（上）雲が湧き上がる白馬岳
（右）白馬岳を仰ぎながらの歩き
（左）栂池自然園を歩く

栂池自然園の朝

注意が必要だ。また、自然園の開園期間には制限があり、毎年6月1日から10月31日までであることも忘れないようにしたい。

この高層湿原の魅力は、なんといっても秀麗な白馬連峰の眺望にある。自然園の奥まった場所からは、白馬岳の雄姿をはじめ連峰群の山並みを一望できる。まさに「天空の水辺ハイキングコース」といえるだろう。

最寄りの施設

栂池自然園（栂池山荘）
☎0261-83-3113
自然園の入り口にあり、エリア内の詳細な情報センターを兼ねている。四季折々に自然園を彩る高山植物の写真解説や、白馬連峰など北アルプスの地形・生き物などについて学べるコーナー、また、ボルダリング（壁登り）のウォールなどの設備もある。隣接する、昔の山小屋を改装した栂池ヒュッテ記念館では、アルプス登山の歴史についても学ぶことができる。

祖母谷温泉

トロッコ電車（欅平駅）

地球の底力

黒《くろ》部《べ》峡《きょう》谷《こく》

63

幽玄世界へトロッコ電車でアプローチ

富山県

黒部市

コースデータ

見学時間（目安）：**半日以上**
楽しめる期間：**4月末〜11月**
お勧めの季節：**紅葉（10月中旬〜11月初旬）**
歩行距離：**5㎞前後（往復）**
標高：**約770m（祖母谷温泉）**
標高差：**約170m（欅平駅との標高差）**

温泉データ

名剣温泉
泉質：**単純硫黄泉**
所在地：**富山県黒部市宇奈月町欅平**
☎**0765-52-1355**

アクセス 北陸自動車道・黒部ICから県道14号を経て、車で約20分（黒部峡谷トロッコ電車・宇奈月駅へ）

コースの特徴

黒部峡谷とは、標高差約3000m、長さ約86㎞を流れ下る黒部川の上・中流域を指している。峡谷の東側には白馬《しろうま》岳《だけ》・五竜岳《ごりゅうだけ》・鹿島槍ケ岳《かしまやりがたけ》などの後立山連峰《うしろたてやまれんぽう》、西側は立山・剱岳《つるぎだけ》・薬師岳《やくしだけ》などの立山連峰が、屏風のように展開している。

これらの山塊の地層は、古生代の水成岩を貫いて噴出した花崗岩類である。八千八谷といわれる多くの渓流や黒部川本流の激流が、その岩層の合間を侵食させながら、切り立った深いV字型峡谷を形成してきたのである。

その峡谷の核心部の1つである宇奈月《うなづき》から欅平《けやきだいら》までの約20㎞間を、黒部峡谷鉄道のトロッコ電車で遊覧しながら車上旅ができる。特に紅葉時期には、その造形美世界が錦繍《きんしゅう》を身にまとい始め、水辺を彩りながら車窓（オープン窓）を流れていくその景観は、多くの人の心を虜にしてきた。

（上）秋の黒部峡谷
（右）黒部峡谷の秋を満喫する
（左）行き交うトロッコ電車

秘湯・名剣温泉

トロッコ電車での往復だけでもいいが、できれば欅平駅近くの温泉（温泉データに記載）に宿をとり、祖母谷《ばばだに》温泉までの往復や猿飛への峡谷を歩くことで、じっくり丹念に地球の底力が演出する幽玄世界を満喫してほしいものである。

祖母谷温泉までの道のりは広い林道歩きであるが、猿飛峡への道は狭い峡谷沿いの道なので、足元には注意してほしい。

最寄りの施設

欅平ビジターセンター
☎0765-62-1155
黒部峡谷トロッコ電車の最奥駅、欅平に隣接するビジターセンター。黒部峡谷への地形や植物、生き物を写真やイラストなどで解説展示してある。また、大型モニターで流されている黒部峡谷の自然景観は大迫力だ。登山へ出かける人へ気象などの最新情報も提供。

問い合わせ先 **黒部・宇奈月温泉観光局　☎0765-57-2850**
＊トロッコ電車運行は5～11月：黒部峡谷鉄道・営業センター　☎0765-62-1011

和ろうそくの老舗店

水際のひととき

飛《ひ》騨《だ》古《ふる》川《かわ》の町並み 64

和の情緒が水に漂う白壁土蔵街

岐阜県

飛騨市

コースデータ

見学時間(目安):**1〜2時間**
楽しめる期間:**通年**
お勧めの季節:**古川祭(4月19・20日)**
歩行距離:**1㎞前後**
標高:**約500m(土蔵群)**
標高差:**ほとんど無し**

温泉データ

名前:飛騨古川温泉
たんぼの湯
泉質:炭酸水素塩泉
所在地:岐阜県飛騨市古川町本町2-57
☎0577-73-2014

アクセス 東海北陸自動車道・飛騨清見ICから県道90号を経て、車で約20分

コースの特徴

この町の「和の情緒」は、郷土を愛する多くの人々の努力によって日々醸成されている。高山の奥座敷とも称される古川の町に住む人々は、自らの日々の営みの背景となる町並みに誇りを持ちながら、その景観を保持・継承していく活動に協力している。そんな地元の人たちの努力は、町全体を包むしっとりとした風情にも表れており、それは、妙に観光客へ迎合する作為的なものではなく、古川の土地に永く根づいてきた趣を感じさせてくれるのだ。

石造りの細い瀬戸川沿いの道を歩いていくと、傍《かたわ》らに秀麗な寺院の屋根が見えてくる。敷地内に火除けの言い伝えのある「水呼びの亀」がある円光寺だ。縁結びのお参りとしても知られ、毎年1月に催される「飛騨古川三寺まいり」の主舞台ともなる。

三寺まいりの夜には、寺の瀬戸川沿い

が和ろうそくの素朴な灯りで幻想的に彩られる。円光寺の先は連なる白壁土蔵群となっており、その和の情緒が揺らめきながら、逆さの姿で瀬戸川の水面に映っている。瀬戸川には１０００匹余りの色とりどりの鯉が泳いでおり（冬季を除く）、水辺での和の情緒にさらに豊かな彩りを添える。

（上）500 m続く白壁土蔵街
（右）古川祭で使われる太鼓
（左）「水呼びの亀」が守る円光寺

石造りの瀬戸川

最寄りの施設

飛騨古川まつり会館
☎0577-73-3511
毎年４月に開催される地元、気多若宮神社の例祭（古川祭）の開始を告げる「起こし太鼓」や、町中を巡行する豪華な屋台などを展示している。この古川祭は、ユネスコの無形文化遺産にも登録されており、日本三大裸祭りの1つでもある。

宗祇水（別名白雲水）への道

岐阜県の名水50選・吉田川

水際のひととき

郡上八幡《ぐじょうはちまん》 65

夏の風物詩・郡上おどりの町

岐阜県

郡上市

コースデータ

- 見学時間（目安）：**1～2時間**
- 楽しめる期間：**通年**
- お勧めの季節：**郡上おどり（7月中～9月初）**
- 歩行距離：**1～2㎞**
- 標高：**約200m（町中）**
- 標高差：**ほとんど無し**

温泉データ

子宝の湯

- 泉質：**アルカリ性単純温泉**
- 所在地：**岐阜県郡上市美並町大原2709**
- **☎0575-79-4126**

アクセス　東海北陸自動車道・郡上八幡ICから県道319号を経て、車で約5分（町の中心部へ）

コースの特徴

複数の河川が流れる結節点にある町は、必ずといっていいほど「しっとりとした情緒」を醸《かも》し出している。河川からのマイナスイオンがその土地に豊潤さを与えてくれるのだろうか。

郡上八幡の町は3つの川の合流地点に立地している。奥美濃の山々から流れ出た吉田川、小駄良川《こだらがわ》、そして長良川である。

水の町・郡上八幡のシンボル的存在の1つが、宗祇水《そうぎすい》（別名、白雲水《はくうんすい》）だ。環境省が選定する「名水百選」の第1号に指定されているこの湧き水は、文明3（1471）年、当時の歌人である連歌の宗匠、飯尾宗祇と郡上領主がこの泉のほとりで歌を詠み交わしたことを由緒としている。

さらにもう1つ、「新橋からの飛び込み」がある。郡上八幡で育つ子どもにとって「通過儀礼」ともなっている、橋や岩から吉田川への飛び込みは、夏の風物詩とも

（上）町中にある素敵な水辺
（右）緑と白壁の似合う町
（左）郡上八幡の町並み歩き

町中に点在する取水場

いえるだろう。ほかにも、親水遊歩道の「宮が瀬こみち」、鯉や川魚が泳ぐ用水「いがわこみち」、日常生活に溶け込んだ「柳町用水」など、各所に清水のほとばしる風景を目にしながら散策歩きを楽しむことができる町だ。

「水辺の町」としてその名を知られる郡上八幡。その町中には、まだまだ知られていない「水際のひととき」が味わえる場所がある。

最寄りの施設

郡上八幡博覧館
☎0575-65-3215
日本一長い盆踊りともいわれる日本三大民謡の1つ、郡上おどりに関する歴史や由来などが豊富なイラストパネルや写真、映像で展示されている。さらに、1日4回（各15分間）実演される郡上おどりを見学することもできる。

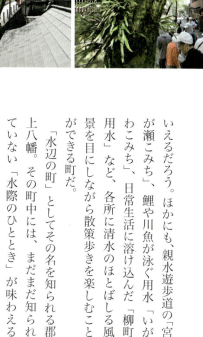

水と森の精

五色ヶ原《ごしきがはら》 66

乗鞍《のりくら》山麓にある秘められた苔と滝の聖地

岐阜県

高山市

足元に密生する苔類

ここから瀑布となる

コースデータ

見学時間（目安）：**8時間**
楽しめる期間：**積雪期を除く通年**
お勧めの季節：**盛夏の避暑時（7～8月）**
歩行距離：**7.3㎞**
標高：**約1600m（わさび平湿原）**
標高差：**約200m（出合い小屋から）**

温泉データ

ジョイフル朴の木
泉質：**低張性弱アルカリ性低温泉**
所在地：**岐阜県高山市丹生川町久手446-1**
☎0577-79-2109

アクセス　東海北陸自動車道・高山ICから国道158号を経て、車で約40分

コースの特徴

飛騨山脈（北アルプス）南部にある秀麗な山、乗鞍岳の西山麓に広がるこの場所へは、誰もが入域できる訳ではない。森の生態系に詳しいガイドの同行を必須条件とする入山制度が、２００４年夏から導入されている。この制度によって自由な入域は不可能になっているが、同時に軽率な行動による貴重な自然環境へのダメージを防いでくれてもいる。

この森への入域は、五色ヶ原の森案内センター（問い合わせ先参照）によって設定された２つのトレッキングコースを歩くこととなる。「カモシカコース」と「シラビソコース」と名付けられている各コースは、平均約８時間の行程で、山歩き未経験者には少々荷が重いかもしれない。

しかしその８時間は、絶えず水と緑の潤いのある空間を漂うことができる。さながら、お伽《とぎ》の森を散歩している気分に浸れるのだ。苔むす小径、緑色の木漏れ日、

（上）布引滝
（右）布引滝近くの吊り橋
（左）飛沫を上げる滝壺（布引滝）

乗鞍岳

鳥のさえずり、清流のせせらぎ、そよぐ風に擦れる葉音、そして瀑布《ばくふ》から飛び散る飛沫音……。都会の喧騒に疲れた五感を、完璧にリフレッシュさせてくれる。

五色ヶ原で「水と森の精」に出会ったあとは、車で山越えをし、新穂高温泉エリアへと足を延ばしたい。ロープウェイに乗っての空中散歩では、今度は「風と岩の精」に出会えることだろう。

最寄りの施設

新穂高ロープウェイ
☎0578-89-2252
日本で唯一ここにしかない２階建てのロープウェイで、北アルプスの峰々の絶景を満喫できる、標高 2156mの展望スペースまで運んでくれる。ロープウェイの窓からは、四季折々に変化するアルプスの山裾の風景が流れるように展開していく。ロープウェイの起点となる周辺には、温泉が点在している。

水と森の精

赤《あか》目《め》四《し》十《じゅう》八《はち》滝《たき》 67

3つの100選(日本の滝・森林浴の森・平成の名水)

三重県

名張市

むき出しの岩肌も露に濡れている

水辺の道

コースデータ

見学時間(目安):**2〜3時間**
楽しめる期間:**通年**
お勧めの季節:**冬の氷瀑期**
歩行距離:**4㎞前後**
標高:**約500m(峡谷最奥部)**
標高差:**約200m(峡谷入り口から)**

温泉データ

赤目温泉 隠れの湯 対泉閣
泉質:**アルカリ性単純泉**
所在地:**三重県名張市赤目長坂682**
☎0595-63-3355

アクセス 名阪国道・針ICから国道165号を経て、車で約30分

コースの特徴

四十八滝という名前の付く滝は全国に複数存在し、日光四十八滝、那智四十八滝のように、同一渓谷に連続する滝群や近接する諸滝を総称する際に用いられている事例がある。そのいわれは、「48」という数字が「無数にある」というイメージを表すという説や、浄土教思想の四十八願からの説など、さまざまだ。

赤目四十八滝の「赤目」とは、修験道の開祖、役行者《えんのぎょうじゃ》が修行中の折、不動明王が赤目の牛に乗って顕現したことに由来している。すなわちこの地は、山岳宗教所縁《ゆかり》の地でもあるのだ。それだけに渓谷内を流れる冷気には、どこか凛とした峻《しゅん》厳《げん》さが感じられる。また、連続して現れてくる滝が放つマイナスイオンは、遊歩道を歩く際の吸気とともに我が身の隅々まで染み渡っていく。まさに、斎戒沐浴《さいかいもくよく》の水辺歩きなのだ。

遊歩道の景観は四季折々に微細に変化

（上）水と緑に抱かれる
（右）連続する滝群
（左）苔の小径

足元にも小さな苔群が点在する

していくので、たとえ冬場の入渓でも落胆することはない。温暖化の影響で少なくなったとはいえ、幸運であれば氷瀑《ひょうばく》となった滝を見ることができるかもしれない。ただし、冬場の入域には保温対策や靴選びなど、慎重さが必要だ。

　峻厳な渓谷での水辺歩きは、ほどよい解放感と身の引き締まる緊張感を、同時に与えてくれるのかもしれない。

最寄りの施設

伊賀流忍者博物館
☎0595-23-0311
農家の構造を持ちながらも、「どんでん返し」や「隠し戸」のカラクリを備える忍者屋敷、忍者伝承館、忍術体験館など、伊賀流忍者の歴史や文化を学ぶことができる。さらに、忍術ショーなどもあり、子どもたちや外国人ツーリストに大人気である。

水と森の精

伊勢神宮《いせじんぐう》（内宮《ないくう》・外宮《げくう》・月夜見宮《つきよみのみや》）

68

五十鈴川《いすずがわ》の流音と玉砂利の擦音が奏でるハーモニー

三重県

伊勢市

外宮・火除橋
（神域への入り口）

月夜見宮

コースデータ

見学時間（目安）：**2〜3時間**
楽しめる期間：**通年**
お勧めの季節：**晴れた日の早朝・宵の口（参拝時間内において）**
歩行距離：**2〜3㎞（各宮間は車移動）**
標高：**約30m（内宮）**
標高差：**約20m（宇治橋から内宮へ）**

温泉データ

伊勢神泉
泉質：**炭酸水素沿塩泉**
所在地：**三重県伊勢市本町1-1**
☎0596-26-0100

アクセス　伊勢自動車道・伊勢西ICから県道32号を経て、車で約5分（伊勢神宮外宮前駐車場へ）

コースの特徴

あまりに知名度の高い場所であるが、意外にも内宮だけの参拝で済ませてしまう人が多い。正式な参拝は外宮から内宮へと巡り、それぞれの境内では御正宮から別宮への順となる。それに従って外宮から始めたい。

明るい太陽が射し込む開放的な内宮の雰囲気とは異なり、外宮では森の木漏れ日が玉砂利の上で揺らめく静謐《せいひつ》さが漂う。その静謐さが生まれる源には、「まがたま池」をはじめとした、外宮の広大な森を取り巻く「水の結界」の存在があるような気がする。

外宮境内参拝後は、徒歩でわずか10分の距離にある月夜見宮（外宮・別宮）へ。外宮北御門からほぼ直線に延びる月夜見宮への神路通《かみじどおり》は、天照大御神の弟神・月夜見命（ツキヨミ）が夜中に外宮へ通われる道といわれており、道の中央部分だけ色が変わっている。月夜見宮では、御

（上）宇治橋からの五十鈴川（内宮）
（右）多賀宮（外宮）
（左）伊勢神宮内宮

楠の巨樹（月夜見宮の御神木）

神木である楠の巨樹が出迎えてくれる。

　内宮では数々の和歌にも詠《うた》われてきた、五十鈴川の水辺へと下りてみたい。ここは「御手洗場《みたらしば》」と呼ばれており、古来、参拝者はこの水辺で手と口を濯ぎ身を浄めた後に、社殿へと向かったのである。

　また、時間に余裕があれば、みちひらきの大神として崇められている猿田彦《さるたひこ》神社にも足を延ばしたい。

最寄りの施設

猿田彦神社
☎0596-22-2554
天孫降臨神話に登場する、みちひらきの大神とされる猿田彦を祀る神社。高千穂の峰へと派遣された邇邇藝命（ニニギノミコト）を道案内したのが猿田彦である。その後本拠地である、伊勢の五十鈴の川上へ戻ったとされる。境内には猿田彦の「みちひらき」の神徳を表す八角形の方位石「古殿地」があり、多くの人から願掛けの対象となっている。

問い合わせ先　伊勢市観光協会　☎0596-28-3705

神話伝承の郷

天岩戸神社《あまのいわとじんじゃ》（丹波《たんば》・元伊勢三社《もといせさんしゃ》）

69

元伊勢伝承地の水辺に伝わる岩戸伝説

京都府

福知山市

岩戸山（日室ヶ嶽）と呼ばれる神体山

元伊勢・豊受大神社

コースデータ

見学時間（目安）：**1〜2時間**
楽しめる期間：**通年**
お勧めの季節：**紅葉（10月末〜11月）**
歩行距離：**2㎞（往復）**
標高：**約50m（岩戸神社）**
標高差：**約50m（皇大神社からの下り差）**

温泉データ

福知山温泉 養老の湯
泉質：**ナトリウム-塩化物泉**
所在地：**京都府福知山市長田宿81-33**
☎0773-27-6000

アクセス　京都縦貫自動車道・舞鶴大江ICから国道175号、府道532号を経て、車で約40分

コースの特徴

「元伊勢伝承地」とは、伊勢神宮が最終的に三重県の現在地へ遷《うつ》る以前に、天照大御神らの鎮座するに相応《ふさわ》しい場所を求めて巡行した土地を指している。その伝承地とされる土地は全国に数十か所もあり、福知山市大江町にも元伊勢が存在する。

元伊勢内宮（皇大神社《こうたいじんじゃ》）、元伊勢外宮（豊受大神社《とゆけだいじんじゃ》）、そしてこの天岩戸神社を総称して、元伊勢三社と呼ばれている。特に天岩戸神社付近の山一帯は、古来、足を踏み入れてはならないとする神域とされており、現在は岩戸山京都府歴史的自然環境保全地域に指定されている。

その盟主とされるピラミッド型をした岩戸山（標高427m）は、古くから日《ひ》室ヶ嶽《むろがだけ》と呼ばれ、神が降臨すると言い伝えられてきた。天岩戸神社は、古木が鬱《うっ》蒼《そう》と茂る奇岩連なる小さな渓谷の中にある。その渓谷（宮川）の岩盤には川の浸

(上) 本殿参拝は鎖を上る
(右) 神々の湯浴みした霊跡「産盥」
(左) 産釜遥拝所

最奥の岩は御座石

食作用によって形成された甌穴《おうけつ》が多数あり、神々が湯浴みした霊跡「産盥《うぶだらい》」として現在も神聖視されている。さらに鎖で登る社《やしろ》の背後には、神々が天下ったといわれる巨岩もある。

その巨岩は、「御座石《ございし》」と呼ばれ、まるで水の流れをせき止めるかのように、小さな渓谷の中で大いなる存在感を醸《かも》し出している。

最寄りの施設

皇大神社
☎0773-56-1011
元伊勢三社には、伊勢神宮の各宮と照応している神社がある。豊受大神社は伊勢神宮外宮、そしてこの皇大神社は内宮の「元宮伝承地」だ。境内には巨樹が林立し、静寂な中にも荘厳な空気が流れている。できれば、当社とともに豊受大神社(当社から車で 20 分)も訪れたい。

正面鳥居から拝殿を見る

境内は杉の巨樹が
林立する

神話伝承の郷

室生龍穴神社《むろうりゅうけつじんじゃ》・妙吉祥龍穴《みょうきっしょうりゅうけつ》 70

龍神伝説が伝わる雨乞いの聖地

奈良県

宇陀市

コースデータ

見学時間（目安）：**1～2時間**
楽しめる期間：**通年**
お勧めの季節：**龍穴神社例祭（10月中旬）**
歩行距離：**3㎞弱（往復）**
標高：**約370m（神社）**
標高差：**約100m（神社より吉祥龍穴への登り）**

温泉データ

大宇陀温泉あきののゆ
泉質：**低張性-アルカリ性温泉**
所在地：**奈良県宇陀市大宇陀拾生250-2**
☎0745-83-4126

アクセス　名阪国道・針ICから県道28号を経て、車で約30分

コースの特徴

奈良県宇陀《うだ》市東北部から三重県名張《なばり》市南部にかけては、柱状節理《ちゅうじょうせつり》や甌穴《おうけつ》など、特異な自然景観を多く見ることができる。それは、この一帯が火山性地形であることに由来する。室生火山岩と呼ばれる、約１５００万年前の火山活動によって形成された地殻変動の痕跡である。

室生寺から室生龍穴神社にかけての山岳地帯にも、奇岩や洞穴が多い。それは「九穴八海」として語られる伝説にも登場してくる。九穴とは、３つの龍穴と６つの岩屋を指し、八海とは、５つの淵と３つの池を指している。妙吉祥龍穴も、三龍穴の１つであり、水神である龍神の棲《す》み処《か》として、古来、人々の信仰を集めてきた。奈良時代から祈雨や止雨の霊地とされ、朝廷からの勅使も通っていた。

朱塗りの春日造りが美しい室生龍穴神社・本殿への参詣後は、徒歩で裏山へと延びる林道を登り、御神体である神聖な

（上）龍神が住むと伝わる洞穴「妙吉祥龍穴」
（右）妙吉祥龍穴前にある拝み場
（左）朱塗りの春日造りの本殿

天岩戸

「磐境《いわさか》」、妙吉祥龍穴へも参りたい。龍穴の対岸に設けられた拝所では、鬱蒼《うっそう》とした森とともに奇岩群と甌穴が眼前に展開し、凜とした厳《おごそ》かな空気が漂っている。

拝所の右手奥からの流水は、鋭角にえぐり取られた谷へと、岩盤の上を落ちていく。そのさまは、まるで水の神・龍神が地上に降臨してくるかのようでもある。

最寄りの施設

室生寺
☎0745-93-2003
龍穴神社から800 mの距離にある。女人禁制だった高野山に対し、女性の参詣が許されていた山岳寺院だったことから、「女人高野」の別名も。法隆寺の五重塔に次ぎ国内で２番目に古い五重塔をはじめ、金堂、弥勒堂などの伽藍はあまりにも有名だ。また「シャクナゲ」の名所としても知られている。

 問い合わせ先 宇陀市観光案内所 ☎0745-88-9049

大斎原大鳥居

朱色が輝く熊野那智大社

水と森の精

那智《なち》の滝《たき》と熊野《くまの》三山《さんざん》 71

滝の飛沫に熊野信仰の極みを観取《かんしゅ》する

和歌山県

東牟婁郡那智勝浦町

コースデータ

見学時間（目安）：**1〜2時間**
楽しめる期間：**通年**
お勧めの季節：**御滝注連縄張替行事（7月9日・12月27日）**
歩行距離：**1〜2㎞**
標高：**約340m（大社）**
標高差：**約120m（大社から滝へ）**

温泉データ

天然温泉 熊野の郷
泉質：**単純温泉**
所在地：**和歌山県東牟婁郡那智勝浦町市野々3917**
☎0735-55-0088

アクセス　紀勢自動車道・すさみ南ICから国道42号を経て、車で約1時間10分

コースの特徴

諸説ある日本三大名瀑（一般的には、日光「華厳《けごん》の滝」、茨城県久慈「袋田《ふくろだ》の滝」、熊野「那智の滝」）であるが、那智の滝は、華厳の滝とともに必ずランクインする名瀑である。落差が133mにも達する、その圧巻ともいえるスケールの景観とともに、この滝のもつ浄化力は古《いにしえ》の時代から多くの人を虜にしてきた。

神武《じんむ》天皇東征時に、光り輝く山の麓《ふもと》で探り当てたと神話上に記載されるこの滝は、熊野三山の1つである熊野那智大社の別宮・飛瀧《ひろう》神社の御神体だ。ちなみに、飛瀧神社では拝殿、本殿はなく、自然造形物である滝を直接拝むのである。この滝が噴き上げる水の飛沫には、延命長寿への霊験があるとして、古くから多くの人の心を惹きつけてきた。

熊野信仰は、このように滝や巨樹、巨岩や洞穴などに神が宿るとされる、自然崇拝が起源となっている。そして、その

（上）那智の滝遠望
（右）木漏れ日射す熊野古道
（左）滝壺にかかる虹（那智の滝）

熊野灘にある橋杭岩

変化に富む熊野地域の自然景観は、南海トラフに近い紀伊半島の地殻変動の歴史に大きく関係している。地殻が揺り動かす大地のエネルギーこそが、人々を熊野信仰へ誘う原動力なのかもしれない。

その地殻エネルギーの痕跡を至近距離で眺めることができるのが、橋杭岩《はしくいいわ》である。熊野灘に林立して並ぶ鋭角の奇岩群は、地層から躍り出た獣の棘歯《きょくし》のごとくである。

最寄りの施設

熊野那智大社 宝物殿
☎0735-55-0321
熊野山伏や比丘尼らが、全国を巡り熊野信仰を布教する際、絵説き用に使っていたとされる唱導画・熊野那智山宮曼荼羅絵図をはじめ、古文書や仏像、さらには江戸時代の諸大名らが寄進した品々なども展示されている。熊野信仰に関わる宝物の数々である。

龍頭峡の滝

秋の龍頭峡

水辺の癒し場

水と森の精

天上《てんじょう》の明水《めいすい》（山・棚田・森・峡谷・滝の水系）

天上界からの恵みを享受する天空の水系

72

広島県

安芸太田町筒賀

コースデータ

見学時間（目安）：**2〜3時間**
楽しめる期間：**冬季を除く通年**
お勧めの季節：**5月・11月**
歩行時間：**3〜4時間**
標高：**972m（天上山）**
標高差：**540m**

温泉データ

筒賀温泉 グリーンスパつつが
泉質：**アルカリ性単純低温泉**
所在地：**広島県山県郡安芸太田町中筒賀280**
☎0826-32-2880

アクセス　中国道戸河内ICから国道186号線を経て、車で約10分

コースの特徴

まさに、「天上界」からの恵みが凝縮されている水系だ。標高９７２ｍの天上山《てんじょうざん》を水源とするこの水の流れは、山麓に優美でたおやかな里地里山の景観を形成しており、その景観美は西日本でも唯一無二ではないだろうか。それは水系の中に、２つの百選地点が存在することでも証明されている。

まず、「日本棚田百選」に広島県内でただ１つ選ばれている井仁《いに》の棚田。ここには、まるで「マチュピチュの棚田版」ともいえる、天空の里地景観が展開している。特に５月の田植え前頃には、各稲田に水が張られ、月夜になると「田毎の月」が詩心を誘うのである。

さらに、「日本秘境百選」に選ばれた「引き明けの森」では、樹齢１００年から４００年のモミ、ヒノキ、スギ、ツガなどの巨樹が混生する、広島県下でも有数の原生林を見ることができる。

この森へのアプローチは、ぜひ下流部

（上）日本棚田百選・井仁の棚田
（右）秘境百選・引き明けの森
（左）天上山からの水系を歩く

地元の伝統芸能・神楽

にある龍頭峡《りゅうずきょう》から始めたい。地元の有志によって近年整備された登山道は、まさに「結（ゆい）」の精神の賜物であり、水系からの恵みを結ぶ力となっている。ただ、龍頭峡入り口から天上山山頂部へは標高差もあるので、できれば、しっかりとした地元の案内協力者とともに歩くことを勧めたい。

この水系の下流域では秋に、地元のお宮にて神楽《かぐら》が徹夜で舞われる。その際、水神でもある「龍（オロチ）」が登場する。

最寄りの施設

道の駅 来夢《らいむ》とごうち
☎0826-28-1800
中国道戸河内インターを降りてすぐの場所にあり、今回紹介している天上の明水を巡る水系（天上山・井仁の棚田・龍頭峡）などがある、安芸太田町の表玄関口だ。この施設の中には町の観光課のデスクもあり、各種最新情報が入手できる。また、2階にはレストランもあり、食事や休息もとれるようになっている。

（上・下）宍道湖大橋上からの日の出前

水際のひととき

宍《しん》道《じ》湖《こ》湖《こ》畔《はん》

73

小泉八雲も愛した宍道湖の明け暮れの情景

島根県

松江市

コースデータ

見学時間（目安）：**1時間**
楽しめる期間：**通年**
お勧めの季節：**松江水郷祭（8月初旬）**
歩行距離：**1km未満**
標高：**5〜10m**
標高差：**ほとんど無し**

温泉データ

松江しんじ湖温泉 夕景湖畔 すいてんかく
泉質：**ナトリウム・カルシウム・塩化物・硫酸塩泉**
所在地：**島根県松江市千鳥町39**
☎0852-21-4910

アクセス 山陰自動車道・松江西ICから国道9号を経て、車で約10分（島根県立美術館へ）

コースの特徴

小泉八雲は宍道湖の明け暮れの情景を、次のように表現している。

まず夕の景に対しては、「色彩がほのかに淡くなりながら、数分おきに変化していく。その流れていくような色彩美は、玉虫色の絹布の色合いや陰影を思わせる」。そして朝の景へは、「古い日本の絵巻物から抜け出てきたかのように、ほんのりと色づいた雲のような長い霞の帯が、湖の縁の彼方まで伸びていく」。

昨今の宍道湖湖畔は、夕陽の絶景スポットとして脚光を浴びている。その常連スポットは、島根県立美術館や石畳の歩道が続く湖畔の白潟《しらかた》公園、「とるぱ」と略して呼ばれる夕日を撮るパーキング、そして宍道湖大橋上の歩道スペースだ。

確かに、日本で7番目に大きな湖の湖面が薄紅色に染まる、日没前後の情景には言葉を失うだろう。しかし忘れてほしくないのは、小泉八雲が「絵巻物から抜

（上）島根県立美術館からの日没後
（右）白潟公園からの日没
（左）道の駅・秋鹿なぎさ公園付近

け出てきたような」と描写した、「あさぼらけの湖畔」である。その情景を味わうには、早起きをして宍道湖大橋の歩道スペース東側に佇《たたず》んでみよう。

そこでは、古《いにしえ》の絵巻物世界へとワープさせてくれる、生まれたての柔らかい光のシャワーを浴びることができるだろう。

また、宍道湖湖畔の温泉街の夜景はレトロな風情を残しているので、こちらも見逃せない。

松江しんじ湖温泉郷にて

最寄りの施設

島根県立美術館
☎0852-55-4700

多種多彩な美術工芸品が展示されている、山陰を代表する美術館の1つである。展示室は、絵画、版画、工芸、写真、彫刻などに分類され、アートライブラリーなども充実。美術館としての評価とともに、この場所を著名にしているのは「夕陽スポット」としてである。美術館脇の宍道湖湖岸沿いは、夕暮れ時ともなると若い男女が憩う水辺となる。「水と調和する美術館」とか「夕日につつまれる美術館」とも呼ばれている。

下流の吉野川

レトロなバスにて
渓谷巡り

物語のある土地

祖谷渓《いやけい》（東祖谷《ひがしいや》 落合集落《おちあいしゅうらく》）

74

平家落人伝説が残る深山幽谷《しんざんゆうこく》の郷

徳島県

三好市

コースデータ

見学時間（目安）：**1～2時間**
楽しめる期間：**通年**
お勧めの季節：**紅葉（10月中旬～11月初旬）**
歩行距離：**1～2㎞前後**
標高：**約650m（中上集落）**
標高差：**約400m（落合集落の上と下）**

温泉データ

祖谷渓温泉ホテル秘境の湯
泉質：**炭酸水素塩泉**
所在地：**徳島県三好市西祖谷山村尾井ノ内401**
☎0883-87-2300

アクセス 高知自動車道・大豊ICから国道32号を経て、車で約1時間20分

コースの特徴

渓谷の斜面に展開する山村風景は、２００５年に国の重要伝統的建造物群保存地区に選定された。

祖谷渓と聞けばまず思い浮かべるのは、「かずら橋」や「小便小僧」だろう。しかしここでの紹介は、その定番の場所以上に魅力あふれるエリア、東祖谷についてである。それは、平家落人伝説が残る四国の秘境と呼ぶに相応《ふさわ》しい景観を、未だに色濃く残しているからだ。

その場所へは「かずら橋」から霊峰・劔山《つるぎさん》方向へさらに車で30分ほど、祖谷川沿いの狭い谷合道を進まなければならない。公共交通機関も限られた便しかないので、事前の確認が必要だ。

東祖谷エリアの祖谷川と落合川が合流する地点にその深山幽谷の落人伝説地はある。天空の集落とも称され、山の斜面に展開する落合地区は、高低差約３９０ｍにも及ぶ急傾斜地に形成されている。江戸中

（上）東粗谷にある落合集落展望所（中上集落）
（右）小便小僧の像
（左）かづら橋

東祖谷民俗資料館

期から昭和初期に建てられた民家などが、崖に張り付くように点在し、その傍《かたわ》らには、時間をかけて丁寧に積み上げられた石垣群や柔らかなカーブを描く里道がほどよく折り合っている。心温まる、懐かしい風景だ。

ただ、落合集落の中をぜひ散策してもらいたいが、地元の日常生活風景を損なわない行動が求められる。

最寄りの施設

東祖谷歴史民俗資料館
☎0883-88-2286
平家の落人伝説に関する資料を豊富に展示している。特に、東祖谷地区に伝わってきた品々は貴重な歴史的価値がある。また、人里離れた秘境での人々の暮らしの歴史が、民具などの生活道具からもうかがえる。祖谷渓の魅力を伝える展示内容なので、必ず立ち寄ってみたいものだ。

水際のひととき

伊《い》予《よ》西《さい》条《じょう》の湧き水群（名水百選）75

霊峰・石鎚山《いしづちさん》からの恵みで潤う湧き水の都

愛媛県

西条市

流路沿いは花で彩られる

流水沿いにある遊歩道

コースデータ

見学時間（目安）：**1～2時間**
楽しめる期間：**通年**
お勧めの季節：**桜開花（4月初旬）**
歩行距離：**3㎞前後**
標高：**約5m**
標高差：**ほとんど無し**

温泉データ

天然温泉 武丈の湯
泉質：**単純温泉**
所在地：**愛媛県西条市大町209**
☎0897-52-1126

アクセス 松山自動車道・いよ西条ICから国道11号を経て、車で約15分（JR伊予西条駅へ）

コースの特徴

西条は湧き水の都と称される。その背景には「うちぬき」と呼ばれ、市内に３０００本前後もあるとされる、地下水の自噴井《じふんせい》がある。修験道の霊峰である石鎚山からの伏流水が、下流の扇状地へ潤沢に地下水を供給しているのだ。

さらに、海底から湧き出る「真水」の存在も見逃せない。ここでは弘法大師伝説が伝えられており、「弘法水」と呼ばれている。喉の渇きをいやす水を与えてくれた老婆への返礼にと、弘法大師が地面を杖で叩くと、海底から清水が湧き出したという物語である。

この潤い豊かな西条の水辺を歩いて巡る、ガイド同行プログラム「西条水めぐりツアー」が観光物産協会で用意されている（問い合わせ先参照）。

基本ルートはＪＲ伊予西条駅前からスタートし、あらかじめ喉に潤いを与えるべく「うちぬき」に立ち寄る。さらに、

（上）霊山・石鎚山系からの湧き水
（右）天然水・水汲み場
（左）アクアトピア水系

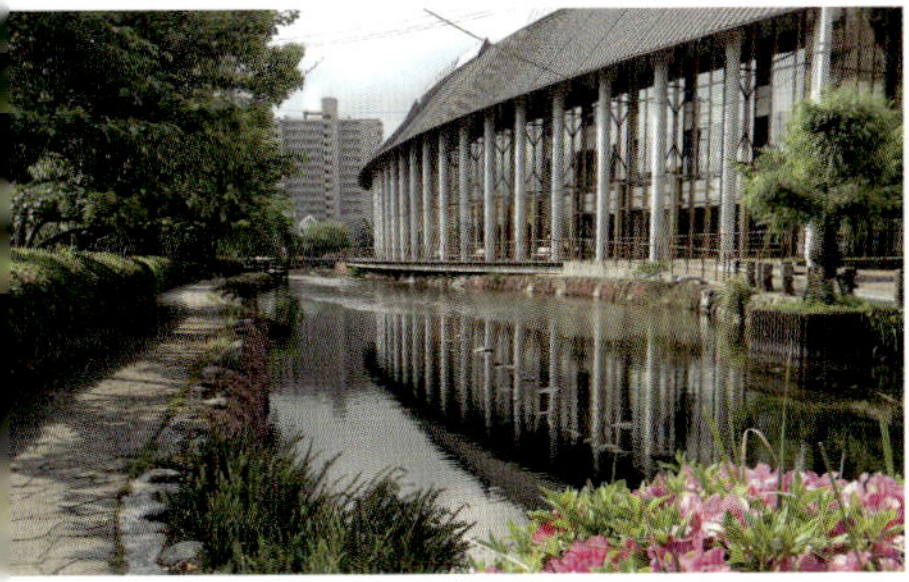

西条市総合福祉センター

市内を流れる新町川沿いにアクアトピア水系事業として整備された、水辺の散歩道へと歩を進めていく。この素敵な散歩道は約2・6kmにわたり、四季折々の可憐な花とともに人々の心を和ませてくれる。その先は、西条高校内にある旧西条藩陣屋跡・陣屋大手門まで足を延ばし、別ルートで駅へと戻るコースとなる。

最寄りの施設

西条市立東予《とうよ》郷土館
☎0898-65-4797
西条市近郊の農家では、副業として紙漉き和紙作りが昔から行われてきた。それは豊富な湧き水とともに楮（こうぞ）や三椏（みつまた）など、和紙の原料が確保できたことが背景にある。そんな和紙文化を追体験できるのがこの郷土館だ。昔の手すき和紙製作の道具や資料などの展示とともに、和紙づくり体験講座なども用意されている。

滑《なめ》川《がわ》渓《けい》谷《こく》 76

水の神・龍の胎内くぐりを疑似体験

愛媛県

東温市

玉すだれのような小滝

奇怪な景観の中を歩く

コースデータ

見学時間（目安）：**1〜2時間**
楽しめる期間：**通年**
お勧めの季節：**梅雨の時期の晴れ間（峡谷の水量が多いとき）**
歩行距離：**2㎞（往復）**
標高：**約650m（最奥部）**
標高差：**約150m（渓谷歩き始めから）**

温泉データ

さくらの湯
泉質：**ナトリウム炭酸水素塩温泉**
所在地：**愛媛県東温市北方甲2081-1**
☎089-960-6511

アクセス　松山自動車道・川内ICから国道11号、県道302号を経て、車で約30分

コースの特徴

この水辺の魅力は、片道30分そこそこのコンパクトな渓谷空間にいくつもの見せ場が登場してくることにある。足裏から聞こえてくる水辺の調べは、歩き始めた地点からすでに始まっている。歩みを進めるごとに、その調べは強弱と高低を繰り返しながら、クライマックス地点へと向かう人の心を昂《たかぶ》らせていくのである。

全長1kmにも及ぶ、ナメラと呼ばれる美しい川床の上をサラサラと流れる川には、いくつかの小さな木製の橋が架かっている。水量が少ない場合には、川床を歩いて対岸に渡れるくらいである。そして、左岸右岸と移動しながらゆるやかな上り勾配で進んでいくと、岩肌が露出した巨岩に挟まれた門状の場所に到達する。

渓谷が奏でる調べはこの岩の横をすり抜けた瞬間、クライマックスを迎える。眼前には龍の胴体内部と表現される、神秘的な世界が広がっている。両サイドか

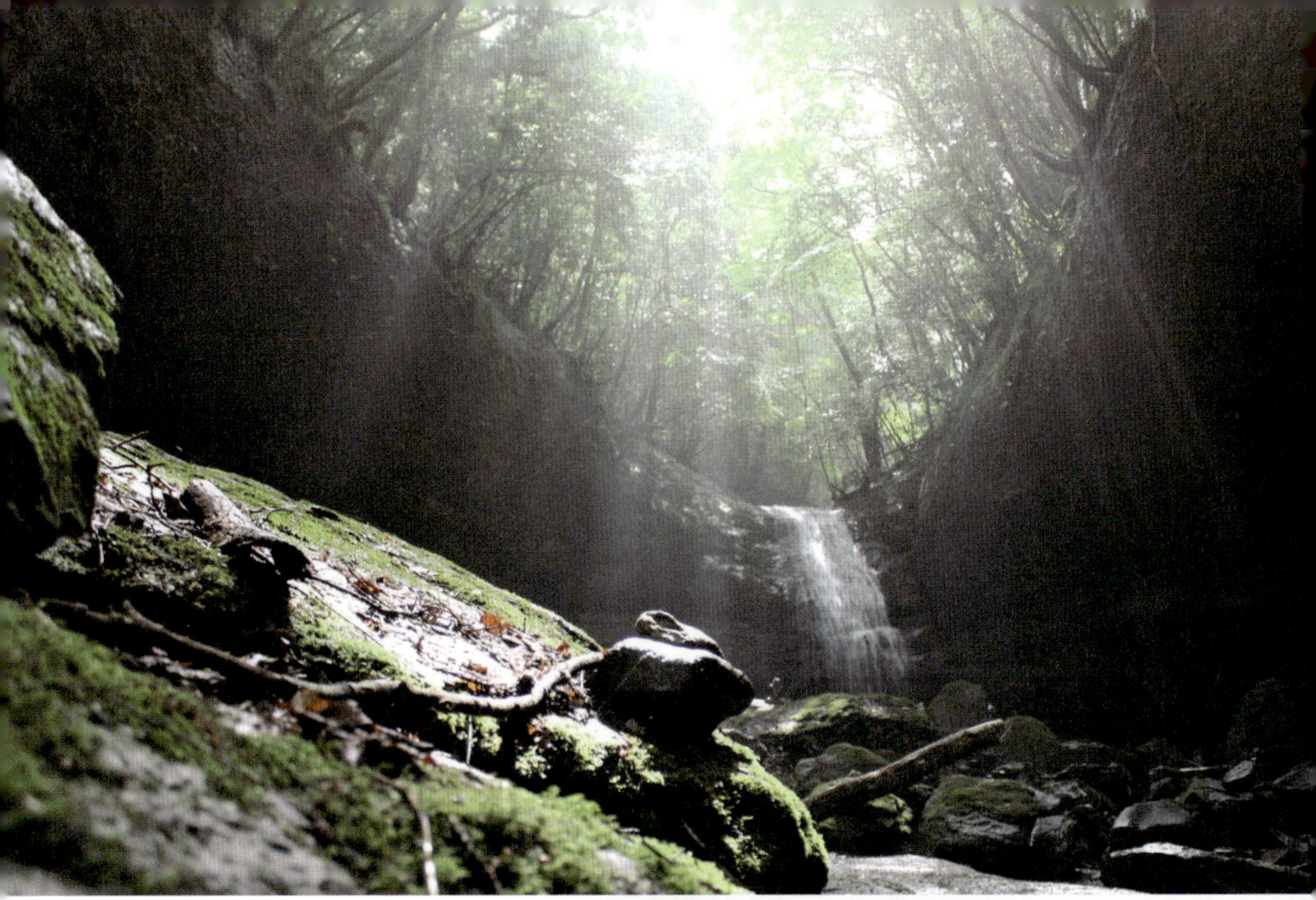

（上）木漏れ日と滝のアート空間
（右）龍の胴体に入り込む
（左）整備された渓谷沿いの道

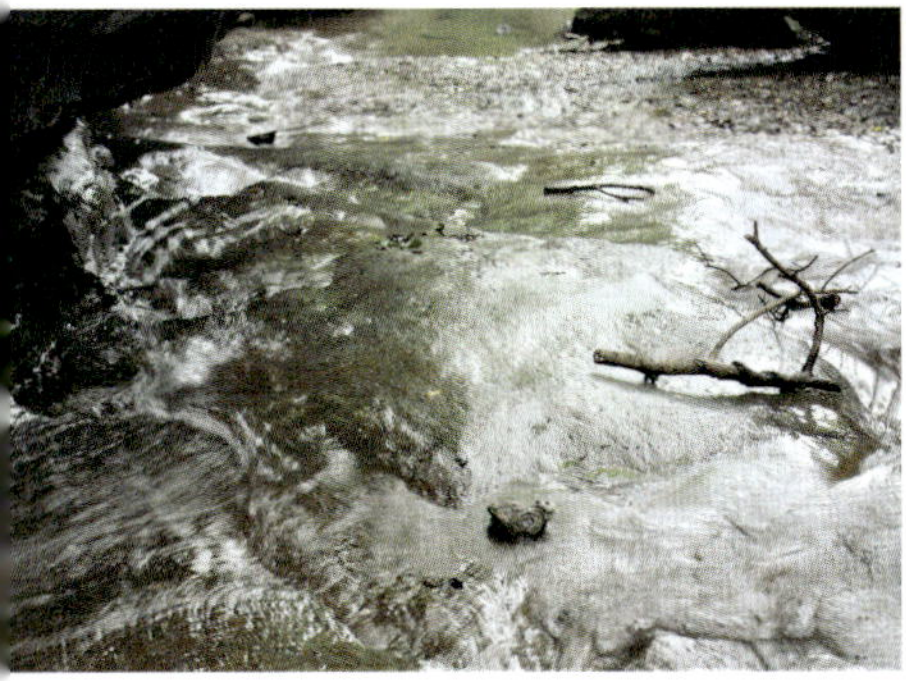

長い年月をかけて浸食され、
形成された地形

らは奇怪な岩肌を露出させる巨岩群が肉迫してきており、その巨岩群の上部には鬱蒼《うっそう》とした樹林が緑の天幕となっている。最奥部分には幽玄な飛沫をあげる滝があり、その神々しい景観には誰もが圧倒されることだろう。そして幸運であれば、いく筋にも分かれて降り注いでくる、霧雨のような木漏れ日に包み込まれることだろう。

最寄りの施設

東温《とうおん》市《し》歴史民俗資料館

☎089-964-0701

6世紀後半の古墳（円墳）、向井古墳から出土した須恵器や馬具、鉄刀、鉄鏃（てつぞく）などから江戸時代文書など、多岐にわたる歴史資料が展示されており、東温市の郷土史を学ぶことができる。

水際のひととき

大洲《おおず》の肱川《ひじかわ》河畔《かはん》 77

水辺の城下町・伊予《いよ》の小京都を歩く

愛媛県

大洲市

藤堂高虎も城主だった大洲城

大洲城からの肱川

コースデータ

見学時間（目安）：**1〜2時間**
楽しめる期間：**通年**
お勧めの季節：**大洲祭（11月初旬）**
歩行距離：**1〜2㎞**
標高：**約45m（大洲城郭）**
標高差：**約30m（城の登り口から）**

温泉データ

大洲臥龍の湯
泉質：**アルカリ性単純冷鉱泉**
所在地：**愛媛県大洲市柚木388-1**
☎0893-59-1112

アクセス 松山自動車道・大洲肘南ICから国道411号を経て、車で約5分（臥龍山荘へ）

コースの特徴

大洲を流れる肱川は、雲海が勢いよく流れる「肱川あらし」の映像などで知られている。その世界的にも珍しい気象現象の源は大洲城のある大洲盆地に溜まる霧にある。上流の広い盆地で蓄えられた霧が、下流域の狭い峡谷へと強い風によって運ばれ、勢いよく伊予灘になだれ込むのだ。その並外れた幽玄な自然現象は、下流域にある長浜の冬の風物詩になっている。

その風物詩の母となる川、肱川沿いには水辺の憩い場が点在している。まずは、伊予の小京都といわれる大洲の城下町から歩いてみたい。

歴代の藩主は好学の徒として知られており、町には儒学などの識者所縁《ゆかり》の場所がある。陽明学派の祖とされ「近江聖人」と称される中江藤樹《なかえとうじゅ》や、日本の儒学に影響を与えた朝鮮の学者、姜沆《かんはん》らもこの町に逗留していた。

（上）伊予の小京都とも称される
（右）風情ある数寄を凝らした臥龍山荘
（左）肱川に面している臥龍山荘

おはなはん通り

学問の町の伝統は、静穏な風趣《ふうしゅ》を貴ぶ心地を庶民にも与えてきた。下町のはずれ、肱川の河畔にある臥龍山荘《がりゅうさんそう》は、木蝋《もくろう》貿易事業で財をなした河内寅次郎が、構想10年、工期4年を要し、和風建築の粋を集めて建てたものであり、一見の価値がある。

また、NHK朝の連続テレビ小説『おはなはん』（1966年）のロケが行われたことから「おはなはん通り」と名付けられた一角も歩いてみたい。

最寄りの施設

大洲歴史探訪館（おおず街なか再生館）
☎0893-24-7060
木蝋造りを生業とする地元の豪商・城甲家の蔵を活用し、城下町として栄えてきた大洲の歴史資料を展示している。多彩な顔を持つ、大洲の町の成り立ちや歴史背景などを学ぶことができる。周辺も静かな佇まいをみせる一角なので、併せての散策を勧めたい。

水際のひととき

仁淀川《によどがわ》上流域（中津渓谷《なかつけいこく》・安居渓谷《やすいけいこく》）78

清流の代名詞「仁淀ブルー」の源を訪ねて

高知県

吾川郡仁淀川町

飛龍の滝（安居渓谷）

コースデータ

見学時間（目安）：**1〜2時間**
楽しめる期間：**通年**
お勧めの季節：**紅葉（10月下旬）**
歩行距離：**2㎞**
標高：**約230m（雨竜の滝）**
標高差：**約60m（渓谷歩き始めから）**

温泉データ

中津渓谷 ゆの森
泉質：**アルカリ性単純硫黄冷鉱泉**
所在地：**高知県吾川郡仁淀川町名野川258-1**
☎**0889-36-0680**

アクセス　高知自動車道・伊野ICから国道33号を経て、車で約1時間

コースの特徴

高知県内を流れる仁淀川は、四万十川、吉野川と並ぶ、四国三大河川の1つである。

その水質の代名詞とされている「仁淀ブルー」という単語の歴史は意外にも新しい。2012年3月に放映されたNHKスペシャル「仁淀川 青の神秘」で、仁淀川の水の青さを「仁淀ブルー」として紹介したことがその始まりだ。その際に映し出された、透明感が高く独特の青色をした仁淀川の流れは、一気にこの呼称に市民権を与えたのである。

「仁淀ブルー」を育む母体は、四国山脈の脊梁《せきりょう》にあたる峰々の森林地帯である。その森林地帯からの清冽《せいれつ》な水流は、各所に美しい渓谷を形成している。特に、中津川流域の中津渓谷は、「四国のみずべ八十八カ所」にも選ばれており、雨竜の滝、紅葉滝、竜宮淵などを巡る2・3㎞の水辺の散策道が整備されている。

（上）「仁淀ブルー」の源、中津渓谷
（右）秋の安居渓谷
（左）中津渓谷を歩く

「仁淀ブルー」

また、高知県下有数の紅葉の名所として知られる安居渓谷では、25mの2段の滝がまるで天へ昇りゆく龍のごとくに見える飛龍の滝や、太陽光線の当たり具合によって青や緑に色を変える水晶淵、落差60mの昇龍の滝などの自然景観を楽しめる。

時間に余裕のある方は、清流の恵みによる「土佐和紙」の博物館（最寄りの施設参照）にも訪れてほしい。

最寄りの施設

いの町紙の博物館
☎088-893-0886

水質のいい清流沿いには、必ずといっていいくらい「和紙の郷」がある。それは、和紙を作る上で原料の楮（こうぞ）などをさらす工程や流し漉きの折に、良質な水が必要となるからだろう。ここ仁淀川上流域においても和紙作りが盛んとなった。この博物館では「土佐和紙」に関する資料展示や実演・体験コーナーもある。

水と森の精

岳切渓谷《たっきりけいこく》 79

2㎞連続する緑の回廊を素足で水上散歩

大分県

宇佐市

一枚岩の上数センチの清流

子どもたちの格好の遊び場

コースデータ

見学時間（目安）：**1〜2時間**
楽しめる期間：**5〜11月**
お勧めの季節：**初夏・初秋の平日**
歩行距離：**2㎞（片道）**
標高：**約220m**
標高差：**ほとんど無し**

温泉データ

深耶馬渓折戸温泉
つきのほたる
泉質：**弱アルカリ性 単純温泉**
所在地：**大分県中津市耶馬渓町大字深耶馬2142-1**
☎0979-55-2259

アクセス 東九州自動車道・宇佐ICから国道387号を経て、車で約30分

コースの特徴

この渓谷では誰もが「素足」になりたくなるだろう。平均の川幅が5〜6m前後の曲がりくねった清流が、まるで緑の回廊のように森の中を2㎞に渡って続いてゆくのである。それも、平坦な岩肌の川底の上2〜3㎝の高さに、穏やかに流れていく清流の水面があるのだ。

子どもだけでなく大人も自然と素足になって足裏を浸しながら、緑の回廊を水上散歩。水に浸した素足の傍《かたわ》らを、森からの落ち葉がサラサラと流れていく。木漏れ日が射し込み、水面がキラキラと揺らぐ。子どもらのあげる歓声が流音の中に溶け込んでいく。多くの素足の裏から至福の体温が岩肌に伝わり、水底までもがほのぼのとした表情を見せ始める。

この渓谷は耶馬日田英彦山《やばひたひこさん》国定公園の一角にあり、耶馬渓溶岩による一枚岩の岩床で形成されている。近隣にはキャンプ場もあり、夏休みともなると多くの家

（上）緑と水のトンネル
（右）三世代で水辺を歩く
（左）流水のそばにある遊歩道

謎の巨石文化遺跡「佐田京石」

族連れで賑わいを見せるが、初夏や初秋の平日はそこまでの人出はない。できるかぎり、静寂さのある日時を選んで訪れてみたい。

この渓谷の奥行は片道約２kmであり、復路は往路を折り返すことになる。総距離はおよそ４kmに及ぶことになるので、ゆっくり歩くと往復約１時間程度は必要である。

最寄りの施設

佐《さ》田《だ》京石《きょういし》
（宇佐市観光協会 ☎0978-37-0202）

岳切渓谷から約 30 分（東九州自動車道・安心院 IC より 5 分）の場所にある、謎の巨石文化遺跡。巨大な柱状の石塔が9基も建ち並んでいる。その高さは2～3m。米神山への登山道入り口にあり、南方角には霊峰・由布山を臨む場所にある。地元では、この場所には石の雨が降るという伝説があり、太古の祭儀場所とか、鳥居の起源形であるとかの諸説が乱れ飛ぶ、ミステリアスな空間だ。

水と森の精

白《しら》谷《たに》雲《うん》水《すい》峡《きょう》 80

屋久島に苔むす太古の森を訪ねて

鹿児島県

熊毛郡屋久島町

落差 60m の千尋の滝

視界のほとんどが苔

コースデータ

見学時間（目安）：**2〜3時間**
楽しめる期間：**通年**
お勧めの季節：**6月・11月**
歩行距離：**3〜4㎞**
標高：**約870m（苔むす森）**
標高差：**約200m（入り口から）**

温泉データ

縄文の宿まんてん
泉質：**アルカリ性単純温泉**
所在地：**鹿児島県熊毛郡屋久島町小瀬田812-33**
☎0997-43-5751

アクセス 宮之浦港から路線バス利用。約30分で白谷雲水峡へ

コースの特徴

屋久島において、縄文杉の存在感は群を抜いている。ただ、この縄文杉に出会うためには往復10時間前後ものトレッキングが不可欠であり、一定の体力と周到な事前準備が求められる。

今回紹介する白谷雲水峡は、縄文杉への道ほどのハードルの高さはないが、奥行きの深い屋久島の森を全身で体感できる場所である。この森は、かつて映画「もののけ姫」の制作時に、スタジオジブリの宮崎監督が「もののけの森」のイメージとして想定した。

年間３６６日降ると表現される多量の雨の恵みは、この森に無数の苔とシダ類を繁茂させ、訪れる人を濃淡織り交ぜた緑色世界へと誘う。苔むした巨岩の下では湧きいずる岩清水の水音が静かに響いている。頭上を見上げると、前夜の雨にそぼ濡れた木々の柔らかい枝葉から、小さな水滴がしたたり落ちようとしている。

（上）もののけに出遭える森
（右）白谷雲水峡入り口付近
（左）くぐり杉

縄文杉

照葉樹と屋久杉が混生するこの森では、太古の時代から絶えず水と緑の交響曲が静かに奏でられてきたのだろう。そんな森に佇《たたず》み深く呼吸をしてみると、全身の細かな細胞の歓喜に沸く声が体の内部から響いてくることだろう。時間にゆとりをもって、ぜひ「苔むす森」までの往復歩きを楽しんでもらいたい。

　また、もう1つの水辺の癒し場、千尋の滝《たき》もお勧めだ。

最寄りの施設

屋久杉自然館
☎0997-46-3113
屋久島といえば「縄文杉」。その縄文杉に関わるさまざまな資料や昔の山道具なども展示されており、屋久杉をめぐる森と人の物語が学べるようになっている。映像スペースでは、屋久島の伝統文化や工芸製作などを紹介するビデオを見ることができる。

癒し場

山辺の癒し場

左上から／大雪山（北海道）　白神山地（青森県・秋田県）　秋の栗駒山（宮城県）
樹氷の蔵王岳（山形県）　谷川岳（群馬県）　富士山（山梨県・静岡県）

野辺の癒し場

左上から／美瑛の丘（北海道）　三内丸山遺跡（青森県）　達谷窟（岩手県）
大湯環状列石（秋田県）　羽黒山の修験道（山形県）　大内宿（福島県）

東日本の

海辺の癒し場

左上から／礼文島にて（北海道）　尻屋崎（青森県）　松島（宮城県）
佐渡島（新潟県）　小笠原諸島（東京都）　駿河湾（静岡県）

水辺の癒し場

左上から／然別湖（北海道）　奥入瀬渓谷（青森県）　遠野（岩手県）
尾瀬ヶ原（福島県・群馬県）　吹割の滝（群馬県）　華厳の滝（栃木県）

清水正弘（しみず・まさひろ）

1960年兵庫県姫路市生まれ。「健康・癒し」と「里地里山歩き」のプロとして、国内外での「養生プログラム」を企画監修・同行。また、紀行作家として旅エッセイやガイド本、国内外の記録映像を制作する行動人。その行動範囲はヒマラヤ、北極点や南極大陸などの大自然からマチュピチュ遺跡などの世界遺産群、そして国内の里地里山まで、グローバルとローカルの双方向に展開している。さらに健康ツーリズム研究所の代表として、地方自治体と連携したヘルスツーリズムの開発実践などのコンサルタントとしても活躍している。広島県山県郡在住。

健康ツーリズム研究所・代表（「深呼吸クラブ」HP：http://www.shinkokyu.info/）
鍼灸師、日本山岳ガイド協会認定ガイド、同志社大学探検会・山岳会会員
連絡先：marugotokenko@gmail.com

著書：『アジアの「聖地」はどこかアヤしい』（青春文庫）、『旅の達人、地球を歩く』『イラスト版 広島の里山を歩こう！』『イラストで歩く 関西の山へ行こう！』『里地・里山を歩こう』『里地・里山を歩こう パート2』『山辺・野辺・海辺・川辺への道 80コース』（いずれも南々社）

地球の癒し場　3つの極みに立つ

ヒマラヤ

北極点

南極

心身のリズムを調律する トラベルセラピー
大人の癒し旅　中部～西日本80コース

発行／2019年4月1日　初版　第1刷

文・写真／清水 正弘
発行者／西元 俊典
発行元／有限会社 南々社
〒732-0048　広島市東区山根町27-2
TEL 082-261-8243　FAX 082-261-8647
印刷製本所／株式会社 シナノ パブリッシング プレス

●装幀／スタジオ キブ　●本文DTP／濵先貴之（M−ARTS）
●地図DTP／岡本善弘（アルフォンス）　●編集／橋口 環　本永鈴枝

*定価は裏表紙に表示しています。

　ISBN978-4-86489-094-6